星海社

ロックをデザインする男　サカグチケン

dead start

サカグチケン

256
SEIKAISHA
SHINSHO

本書の中には、80－90年代の時代背景を反映した差別的な語句や、人、性別、文化に対する否定的かつ不適当な表現があります。しかし、著者と編集部はこのような差別に対して反抗し抗う意図のもと、当時を語るために必要なものとして掲載しています。

本書の人名は敬称略とさせていただき、地名、固有名詞の表記は基本的に慣例に従っています。

ロックをデザインする男の文章を読むのは、
体力がいる。
コンジョーもいる。
文字が爆音すぎて、目から血が吹き出しそうだ。

ロックをデザインする男、サカグチケンの書いた言葉に触れる。文字になったその言葉たちは、そのままロックになっていく。それも鼓膜が痺れるほどの爆音。彼の言葉を浴びていくうちに、私はとてつもないライブに巻き込まれてしまった場違いなどっかのフツーのおっさんに成り果てる。

最初、私の心は、そんなフルヴォリュームの文字を浴びながら戸惑い、迷い、途方に暮れた。なのに、その言葉の律動が自分の心臓の鼓動と同期してくる。彼のバイブレーションが私の中に入り込み、いつの間にか心地よくなって、その音を追う。

Aメロもギンギン、Bメロもガンガンにキテるし、サビは、もうドカンと大爆発だから、ここにある文章は、少しブレイク気味の間奏ね。

ロックをデザインする男、そう呼ばれて久しいあいつは、その称号を何の衒《てら》いもなく纏《まと》ってる。「少しは照れたりしろ!」そう、どこかで思うけれど、ずっと彼の代名詞となったその肩書は、もう紛れもなくサカグチケンのもの。知る人ぞ知るというよりは、あいつが手掛けたアルバムを見れば、誰もが知るに変わる。デザイナーとかアートディレクターではない、ロックをデザインする男だなんて、なんてこった。でも、そうとしか言いようがないあいつの存在。そんな男のロードを、私が辿れるのか。ちょっとビビりながらも、その爆音の文字の世界に入り込み、吐瀉物まみれだろうが、血まみれだろうが、あいつの口から、ロックをデザインしてきた道程を全部聞きだしてやる。そう腹をくくった。

（佐倉康彦）

まえがき

どうも、まえがき担当の藤沼伸一（アナーキー／泉谷しげる／Regina等のギタリスト）です。まぁ従来の前書きあるあるだと、著者の人物像を誉めたり称えたりして読者の購買意欲アップしたりするものですが、私は敢えてそんな手法はしないでいきたいと思います（笑）そもそも私も含めアーティストなんて言われる者って、実は決して人様に誉められたもんじゃなく、素行も生き方も多少なりともぶっとんだ要素を持つデタラメ野郎だと思っています（笑）そしてそんな要素を持つその中の1人が本書の著者【サカグチケン】です。巷でこれがアートだぁ！　クリエイティブだぁ！　って大義や綺麗事を言った所で、実はアートそのものって何かの力を借りてインプットしてアウトプットしてる事だと思っています。つまり【色】というモノひとつとってみても、【色】そのものを編み出した訳ではなく、太陽や月　風や炎や光の色彩の力を借りて混ぜてのアウトプット。つまり夕陽の色を編み出したのは夕陽であって、アーティストがその色彩を借りて吸い込んで吐き出した【呼吸】の創造物を作品と呼んでいるのだと思います。すると人が感動し評価するっつう作品には、奇抜なその【呼吸】の質が最重要！　そしてそんなぶっとんだデタラメ野郎の呼吸の色彩が、連続する刹那と散らばったゲシュタルト、そして承認欲求の欲求不満からはみ出たモノが、あるきっかけで【何か】一つの形を表します。だからこそクリエイティブにはその時々（時代）の【呼吸】そのものが重要なので、その【呼吸】を止めたら死を意味しますね〜。だから、そんなデタラメ野郎の深呼吸ひとつで世界に影響を与える可能性があるのではないでしょうか？　ではそんなデタラメっぷりの【サカグチケン】を堪能してくだされ！　最後に僭越ながらアナーキーの詞を掲載して〆たいと思います。

プレイランド

見破れ！　ここは八百長
リアルなニセモノだらけ

見破れ！　ここはただの
ピエロのたまり場さ

空から見下ろせば　ただの遊び場だ！
だけど〜！　こんな遊び場さえ〜
誰も遊べてねぇ！

（作詞／藤沼伸一）

目次

第1章

1964年－1989年

初期衝動
「オレが今までどんな音楽と向かい合って、音楽をパッケージするアートワークの仕事についたか……」って話をしようと、思う。

小学生時代

オヤジは船乗りで、遠洋漁業ってヤツ。船乗ったら1～2年くらい帰ってこないし、オフクロはずぅーっと仕事、仕事な人。だから、弟が登場するまでは物心ついた頃から家で独りで留守番して過ごすことが多かったかな。独りってもんに、すごい慣れちゃった。レコード聴いて過ごしたり、TVのヒーローと過ごしたり、絵描いてたり……。小学校4年の時に、サッカーって友達ができるまでは、ほんと独りっきりのイメージしか……ない。サッカーがきっかけで、みんなと練習、試合や遠征とか行くようになって……ムードメーカーになろうとしたし、とにかく、みんなを笑わしたり、突拍子もないことをやらかして、監督やコーチを困らせては喜んでた。

ある日、親友の家で、『CAROL』の解散ライブを観て！！！！！　これがROCKだ！！！！！って、思った！！！！！　友達のアニキはリーゼントしてて、『CAROL』『矢沢永吉』に夢中だった。『エーちゃん！　成りあがり！』そんな、時代。矢沢永吉の『成りあがり』は、オレの人生の教科書になった。こんな生き方したいなぁ……。いや、絶対！　できる！！！！！

中学生時代

中学生になって、最初にLPレコードを買ったのが、『KISS』の『地獄の軍団』ってアルバム。毒あるメイクと、キャラクターのおもしろさ。ジャケットも興味をそそるんだけど、なによりシンプルでわかりやすい楽曲！　なんだ、これが。クラスの早熟な女の子が、最初『ベイ・シティ・ローラーズ』とかに、キャー‼って、騒いでて……。で、オレが『KISS』ファンだってことは学校でも有名になっちゃった。なぜかって？　すぐに、絵に描いたし、美術の宿題とか課題に関係なく『KISS』のポスターばっかり作って、よく怒られた……から、ね！　知らねえ先輩とか後輩からも、『KISS』好きなんだー？　なんて声かけられるようになった。友達なんか、『KISS』のジーンのものまねして、灯油を口から吹き出して、年中キャンプファイヤーやるようになっちゃうし……。

『KISS』は頑張って全部ＬＰ揃えて、『AEROSMITH』『Queen』『LedZeppelin』……いろいろ聴いた。

『The Rolling Stones』とか『The Beatles』にも、興味あったから、友達のアニキがメチャクチャ洋楽ファンでＬＰコレクターだって話を聞いて！　そこんちアニキが居ないとき溜まるようになったんだよ。

そんな毎日で、初期衝動！　を、おぼえた事件があった。友達が『NEVER MIND THE SEX PISTOLS』って書いてある黄色のジャケットの輸入盤を買ってきたのだ！『SEX PISTOLS』ってもしかしたら、破れたスーツ着て、ピョンピョン跳ねてるバンド？　ＴＶ。それも、ＮＨＫで海外の若者は今……っていう感じの番組で以前レポートされてたイギリスのヤツじゃ、ねーかー！　何なんだろっ。

さっそく、針を落としてみたら、Ｚａ！Ｚａ！Ｚａ！Ｚａ！Ｚａ！Ｚａ！Ｚａ！Ｚａ！メチャクチャなパワー！　じゃ、ねーのっ!!　なにぃ！　こいつは!!　って。それからは

『SEX PISTOLS』の毎日になっちゃった。ジョニーの聞いたことのない歌い方と、その声。BASSのシド。カッチョイイし！　『MY WAY』とかふざけて歌ってるし。っとか言ってたら、恋人殺しちゃうわ、死んじゃうわ……一瞬で解散しちゃった。

PUNK ROCKって呼ばれたBANDはみんなカッコ良くって！　『THE CLASH』とか『JAM』『999』『Damned』『T.R.B.』……にも、ハマった！　PUNK ROCK！

さすがに、この初期衝動！　の中に、あの黄色のジャケット！　がオレの中に、残った。うわッ！　こりゃ、できる！　オレでもデキル！

それでさ、中学2年の終わりに近づくと進路のこととか先生に聞かれるじゃない？　オレはすかさず、［レコードのジャケットを作る人］になるって答えた。で！　［レコードのジャケットを作る人］になるために行く高校は？　って聞いて。デザイン科のあるとこに決めた！

高校生時代

1980年に日本でも『SEX PISTOLS』の曲『ANARCHY IN THE U.K.』から連想できるバンド『アナーキー』がデビューした！　当時メンバー全員19歳。オレより3つくらい上で、わかりやすい表現でパンクロック歌ってくれたし、喋ってくれた。

で、さっそく大阪までＬＩＶＥに行った。関西の親衛隊のヤツラが特攻服着て、思いおもいの髪型して、ツッパらかしてた。おまけに、ボーカルのシゲルが「じゃ、いくよ！　オーケィッ！」って叫んだ瞬間、舞台の上に客が押し寄せた。今じゃ考えられないけど、ステージの上は、人、ひと、ヒト!!　『アナーキー』と見に来てるはずの客で、うまっちゃった。客席の椅子は壊れちゃってた。「メンバーと客は、一体となって……」と、よくＬＩＶＥのことを語られたが……あの状況だと『アナーキー』のメンバーってキツかったんじゃないか？　それが、ＬＩＶＥ初体験だった！　心の中が、ますます、燃え上がってきて「うわッ！　こりゃ、できる！　オレでもデキル！　やれば、できる！」って、ますます、「レコードのジャケットを作る人」それも、『アナーキー』のＬＰ!!　っていう目標に向かって頑張るようになった！

学校の課題も、ますます音楽に関係するものばっかりモチーフに選ぶようになった！　提出物は、『SEX PISTOLS』『THE CLASH』とか『アナーキー』をモチーフにしたものだらけ。

友達集めてアナーキー親衛隊をつくったり、パンクバンド『革命』をつくって歌ったり、ステッカー作って売ったり、腕章作って売ったり、LIVE会場借りてチケット売ったり……ha〜！　もう、商売しちゃってる！

高校3年の時、地元にLIVE TOURで『アナーキー』がやって来た。なんとしても、メンバーに直接会おうと、親衛隊のみんなとメンバーが会場に入ってくるのを待った。メンバーがやって来た時は緊張してしまったが、喋りかけたらイメージしてたとおり、気さくに応《こた》えてくれた！　もちろん、オレらはガキの集団だけど。ほんと、気さくな、アニキのように。

「レコードのジャケットを作る人」になるには？　って聞いたら……「まずは！　東京こなくっちゃ！　話んならねーよぅ！」って！　もちろん、LIVE中も頑張ったが、メンバーが入った居酒屋にゾロゾロくっついて行っちゃー、いろいろ喋った。まだ呑めない酒も呑んだ。今、あんな気さくな、アニキって少なくなったと思う。………ほんと、タレントじゃ、なくてパンクロック！　のイメージね。これが。

高校3年になって、進路のことで先生に呼ばれてさ、「サカグチ、どーする？」なんて、言われて。じゃ、てんで！　自信満々で「まずは！　東京行かなくっちゃ！　話んならねーよぅ！　で、レコード会社！」って、答えたら、「サカグチ、レコード会社は大卒しか採用してないよ」なんて言うから『アナーキー』だって高校中退なのにーって、食い下がって。でも、ミュージシャンは世界が全然違うのって……。なんだ、そりゃ。だったら、まず〈高卒でOK！　東京勤務で、給料の高いとこ！〉って条件で求人を探して、就職試験を受けることにした！　それで、できる限りやって！　無事内定をもらった！　まずは、その会社で一番のグラフィックデザイナーを目指すことにした。1982年3月！　サカグチケン！　香川県立高松工芸高等学校デザイン科を卒業！

死ということ。はじまりということ。ロックをデザインする男は、小さく「お母さん」と言った。

時代が変わった。サカグチケンはそう言った。あの頃は良かったというような砂糖を振りかけたような、懐古する物言いじゃなかった。怒りでもなく、諦念《ていねん》でもなく、達観でもない。どちらかと言えば、嘲笑に近いような言葉の響き。

X JAPANが解散し、LUNA SEAが終幕した1990年代の終わり。デバイスの進化やら記録メディアの変遷やらを経て、ストリーミング、サブスクの時代へ。サカグチケンがデザインすればCDがバカスカ売れた時代。あるいは、サカグチケンが出会ったというか、引き寄せたアーティストたちがあっという間にハネて寵児となっていったときとは明らかに違う空気が、その頃できあがりつつあった。

オレ、アナログ盤に、戻ってる。ちょっと恥ずかしそうにそう言うあいつは、その大きさや形に、ロックの作品としての価値を見出していた。それはサカグチケンだけではなく、市井のリスナーたちも同じだと思った。その「質量」が重要なのだ。手と心を動かし、ひとつの音楽に、かたちやいろ、思いを与え、もうひとつの顔をつくる。それもまた音楽作品とならぶ、ひとつの作品としての在りようだったのだと思う。

久しぶりの再会で、見知った話も含めて話が進む、弾んじゃいないけれど、話はあちこちへぶつかりながら飛んでいく。飛び散っていく。

転がりながら話が進むなか、あいつの口から「お母さん」という単語がぽろりとこぼれた。つい最近、お母さんが亡くなったという。私の耳朶《みみたぶ》に届いたやわらかく、やさしい「お母さん」という予想していなかったその響きに、音韻に、少しだけ、たじろいだ。

そこから、あいつがロックをデザインしはじめた頃の、まだクソガキだったサカグチケンが、ロックと、どう命を懸けて遊んだか、その破茶滅茶な話がはじまった。（佐倉康彦）

会社員時代
1982年（18歳）

まずは東京に引っ越しだ！　と、思ったら最初の勤務地は大阪だった。仕事内容は、週刊誌の中の企業広告のデザイン＋コピー。死ぬほど忙しいし、毎日毎日……山積みの仕事がやってくる！　言葉使いからして、よくわかんない！　高校卒業したばっかりのオレには難しい仕事だった。一日中、人を集めるための広告作りをした。その仕事量は、半端ない。会社の先輩や、アルバイトで来てる先輩のクリエーター、カメラマンのみんなにはもちろん、お客さんにも、社会人とは？　生き方とは？　など……ほんと、勉強！　勉強！　勉強！　させてもらった。でも……、どうしたら、［レコードのジャケットを作る人］になれるか？　っていうクエッションだけには、みんな答えてくれなかった。……で、あっという間に月日が過ぎてしまった。ここでの仕事のおもしろさを理解するのには2年くらいかかった。そうだなぁ……。デザインは奥が深くて長い道だ！　って、ことも！

そん頃っていったら、自分を苦しめる事がオレの最高の元気の素！　だった。時間がない。イイ発想が浮かばないいぃい。苦しんだら、苦しんだだけ、イイヤツが生まれた。その時もオレが最低だ……って思いながら自分の作品を、眺めては、もっと、もっと……って、上を見た。ひとつ上にあがっては、また、そこで、自分を追い詰めて「オレが最低だッ」って、また、もがき苦しんでみた。で、結局……自分を苦しめる事が、オレの最高の元気の素。だった。

慣れない仕事に忙しい毎日だったけど、ＬＩＶＥはオレに元気くれるから、無理してでも通った。特に『アナーキー』『ARB』『THE ROOSTERS』のＬＩＶＥにはよく行った。給料のほとんどを、音楽につぎ込んでたと思う。

なんだ、かんだと、独りで悩んで苦しんでたな……。会社以外に友達もいなかったし……。

会社員時代
１９８３年（19歳）

会社員になって、休みもらって。どうしてもＰＵＮＫ ＲＯＣＫの出たＬＯＮＤＯＮに行きたくって、初期衝動にかられて旅に出かけることにした。一人旅は、不安だったが、おもしろい１-ＷＥＥＫになった。日本と比べると、あらゆる物事のスピードがゆったりしてて。でっかい公園でのんびり１日中寝っころがってたり、いろんなレコード・ショップやクラブやライブハウスに行ったことは、もちろん楽しかったけど。１番はテート・ギャラリー！　ここで、衝動をおぼえたのだ。偶然、アメリカン・ポップアート展をやってて、エルビス・プレスリーのドデカイ絵が飾ってあったのね。なんか、『The Rolling Stones』のアルバムジャケットのテイストに似てるなぁーって。それが、カッコイイのよ。ミュージシャンのドデカイ絵が美術館にあるぅー！

調べてたら、アンディ・ウォーホルって人で、NEW YORKに住んでるアーティストらしい。シルクスクリーンっていうヤツだって。それが、とにかくカッコイイのよ。カッコイイ！　こりゃ、ウダ、ウダしてないで、ガンバンなきゃ！　って思った。すばらしい勉強だった。

帰国して仕事に戻ったものの、『ポップアートとアンディ・ウォーホル』が気になってしょうがない。暇さえあれば本を買いあさり、シルクスクリーンって何？　アンディとは？『The Rolling Stones』のジャケ……？？！！

オレもいつか『アナーキー』のシルクスクリーンポスターを作ろう！　って思ってた矢先……『アナーキー』のギタリスト・マリの殺人未遂事件で、まさかの、新聞沙汰になってしまった。なっ！　な、ん、で……!?　当然のように「LIVE中止。今後のアナーキーの活動に関しては、未定です」って告知がライブハウスにも出ちゃった。なんか、悲しくなっちゃってＡｈ Ａｈ Ａｈ Ａｈ Ａｈ Ａｈ Ａｈ Ａｈ Ａｈ Ａｈ Ａｈ Ａｈ Ａｈ Ａｈ Ａｈ!!!!!!　誰にぶっつけたらいいのやら、わからず……で。それで、いつかじゃなくて、今すぐ!『アナーキー』のシルクスクリーン作ろう!って、思って「ガキが手のばしてるイメージ」と「マリの元妻殺人未遂事件の新聞記事」で、作った。ポスターにもしよう!って、その時あった貯金みんなつぎ込んで!自分でお金払う自主制作のポップアートってのを完成させた。大人になった今、思いかえしても大切な第一歩!だった!

会社員時代
１９８４年（20歳）

大阪で一番、グレイトなデザイナーって誰なんだろうって、思って、大阪万博のロゴマークや、日清食品のＣＩや、カップヌードルのデザインをした、大高猛さんを訪ねた。大高猛さんは、オレの作品を見て、驚かれた!「素晴らしいよ君は!」日本グラフィックデザイン協会を紹介すると!ＪＡＧＤＡだ!

「年鑑日本のグラフィックデザインに作品出しなさい」って言われたものだから、出したら、出品した作品みんな掲載された！　国内はもちろん！　いろんな世界の美術館が、ポスターのコレクションしたいってオファーも来るようになった!!!!

ますます、「まずは！　東京こなくっちゃ！　話んならねーよぅ！」っていう『アナーキー』のメンバーの声が、オレの頭ん中で毎日聞こえてくるようになった。そしたら、運良く東京へ転勤発令が来たのだ！　……ウソッ！　グレートッ!!

そんなワケで、会社員2年目（20歳）の夏に上京！　人生最高！　って思えた。ただ、仕事自体はますます、難しく。広告依頼主からは、次々に難題が持ち込まれた。でも、東京のクリエーターのみんなは、大阪のクリエーター以上にタフで、こぞって、すばらしいライバルたちになった。で……ライバルがいる分、仕事も断然おもしろくなってきたし、頑張れた。会社の中に寝泊まりするくらい仕事にのめり込んだ。さまざまなクリエーターを、目の当たりにして、自分がメラメラ燃え出したのが、わかった。大企業との共同作業だ！！！！　売り上げもガンガンあげてやった！！！！　さあ！　1億だ!!

★
★
★

事業実績も良く、ラッキーにも社員旅行で『ポップアートとアンディ・ウォーホル』の街。NEW YORKに行けることになった。どうしても行きたかった街だ。とにかく、期待してたより、ずぅーっと。ずぅーっと。最高！　の街だった。近代美術館とソーホーのギャラリーと。CBGBとセント・マークス。レコード屋に古着屋。JAZZ CLUB。ジョン・レノンのダコタハウスとセントラルパーク。いろいろ。

なかでもMoMA（近代美術館）。5番街、50階立ての高層タワーにあって、すげえっ都市型美術館だった。20世紀の美術コレクションがおもしろくて……。

マチス、カンディンスキー、ピカソ、ミロ、とにかく、規模が違う。日本の若手画家が、一所懸命に真似しても、かなわない……。そして、アンディ・ウォーホル、マルセル・デュシャン、ジャスパー・ジョーンズ、イブ・クライン、フォンタノ、マンレイ、写真や、ビデオ、映画、インテリア、建築……この目と気で、アーティストたちの手で作った現物に出会えた感動は、忘れられないものになった！

オレなんか、届かないっツゥ！　とんでもないショックがガーンと！　来た！　死ぬ前に、なんとかしなきゃ！　オレ、情けないまま終わりたくないなッ！　ッと。

会社員時代
1987年（23歳）

第一回NEW YORK ADC展に出品したら、日本のデザイナーで3人選ばれた。サイトウマコト、榎戸文彦……そして、オレ！　サカグチケン！！！
NEW YORKのメインストリートの入り口に、サカグチケンの作品が、ある！　これは、もう、道がガーンと見えた、ね。好きなことで世界に通用するんだ!!!!

★
★
★

『アナーキー』ってヤッパ活動できねぇのかなぁー？　って思って調べてみたら『THE ROCK BAND』って名前でLIVEやってた！「最近『アナーキー』ってタイトルのアルバムが発売されたよー」って聞いて、すぐにLPを聴いた。そしたら、カヴァーが何曲か入ってて、昔の『ハーダー・ゼイ・カム』っていうオレの好きな曲もカヴァーしてた。

なんか、すぐにでも会いたくなって、渋谷にあったライブインっていうライブハウスに行ったのね。この頃はもう、親衛隊もあんまり居なかったし、LIVEもブルージーで、骨太な、渋い4人になってた。オレはダメモトで、自主制作で作った2枚のポスターを持ってってたんだァー。客が退いてからも、1人ずっと居て……ライブハウスの店員に見つからないように、トイレとかいったりして……。マネージャーらしき人が、楽屋から出てきたから……「四国の親衛隊長やってて……昔っからのメンバーの知り合いだっっっ!!」って息巻いて……!! 「知り合いだっっっ!!」を、ほんとーに強調して…………!! そしたら、なんと、楽屋に入れちゃった!! ……で……おまけに……「2枚のポスターかっこイイゼ!」って、メンバーがもらってくれた!

昔、地元で親衛隊やってた頃の話とかしたら……「呑み屋、行かねぇ?」って。ウソッ! 変わってない! 『アナーキー』だ!! って、うれしかった!

高校時代に会った気さくな、アニキたちは、そのまんまかわらず、いろいろ喋ってくれた。ギャグだらけで大笑いした夜だった。

「今度また、JAGDA平和ポスター展にプライベートポスターを作って出品するから、モデルになってください!」ってお願いしたら、「オーケィッ!」って。快くシゲルはJAGDA平和ポスター展のプライベートポスターのモデルを引き受けてくれた! ……それからシゲルは、たびたび呑みに連れてってくれて、いろんな場面を見せてくれた。なんか、傷だらけの天使のショーケンを見てるみたいだった。「サカグチって、寝てるよりポスターとか作ってんの好きなのかぁ！　Ａｈ！　ＨａＨａＨａＨａ」突然アニキが、舞い降りてきたようで、なんか不思議な毎日……。

あるとき、「新宿ＬＯＦＴでオレが考えてるイベントのフライヤー考えてよー」って言われて、出演者を聞いたら『ARB』や『THE ROOSTERS』や『サンハウス』『SHEENA & THE ROKKETS』『PANTA』『CAROL』etc.　オレが聴いてきたアーティストばっかりだぁ！

さらに、新しいアルバム作るから……って『THE ROCK BAND』の『四月の海賊たち』のジャケット制作の依頼があった。

ライブインの楽屋のドアをたたいて入ってから、めまぐるしく人生が回転し、始まった感じだった。１枚のフライヤー！　１個のイベントロゴを作るのに、ここまで震えた事はなかったかも……！　１９８７年。こうして、オレは［レコードのジャケットを作る人］の、はじめの一歩をふみだした。

運命のバンド。ライブハウスの便所に隠れた男は、生涯の盟友と出会う。

ライブハウスの便所の中に隠れて、客がはけるの待ってミュージシャンを狙いすます。自腹で刷ったポスターを持ち込む。そして、ジャケットのデザインをやらせろと直談判する。

1987年、アナーキーの自主制作ポスターを手にして便所に忍び込んだ23歳のコゾー。そこからあいつは、サカグチケンは転がりはじめる。そして、あっという間にロックをデザインする男になっていく。

アナーキーとの出会いが、サカグチケンのすべてを決める。生にロックと会う。ライブそのものだ。子供の頃にメディアで知った海外のロックではなく、自分の目の前で、息をして、汗をかいて、涙をこぼし、血を流す生身のロック。それがアナーキーだった。メンバーのひとり、マリの殺人未遂事件で、バンド名がTHE ROCK BANDに変えられ、ファーストアルバムのタイトルは『アナーキー』となった。そんなバンドのセカンドアルバムのデザインの話がサカグチケンに来た。五木寛之の小説をモチーフにした『四月の海賊たち』というアルバム。あいつのデザインを纏った、アナーキーの、THE ROCK BANDの、いろとかたちと思いがそこに産み堕とされた。

『四月の海賊たち』の副題が、OUT OF CONTROLとあった。アナーキーのコンポーザーでもある藤沼伸一から、瞳の中に老人の顔を、横顔を入れてくれないかと相談があった。そのアイデアがサカグチに刺さる。事件のことなどもあり、制御することのできない、収拾できない「死」ということに対しての鋭利な思いが可視化されていく。死に向かってというわけじゃないけれど、みんないずれは、死んでいくという、瞳の中の老人の存在は、そんな感じだっと言う。

アンディ・ウォーホルが死んで、THE CLASHのジョー・ストラマー

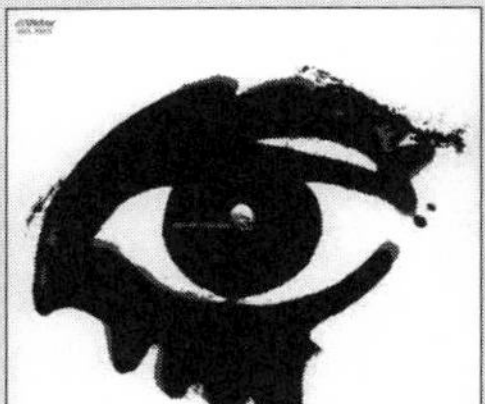

左：『四月の海賊たち』
右：目玉を拡大すると老人の横顔がある

が死んで、松田優作さんのブラック・レインが日本で公開されたときには……、もう。

「死」っていったい何なんだ。サカグチケンの頭の中で明滅する、ひとつのアイコンのような言葉が「死」〝DEAD〟だった。

（佐倉康彦）

同世代のＢＡＮＤ登場

『THE ROCK BAND』のシゲルにさそわれて（オレが進んで行ってたけど）新宿ＬＯＦＴに、チョロチョロ顔だすよーになって、ＬＩＶＥ終わってからも、ＬＯＦＴに居座ってシゲルの友達の、いろんなミュージシャンとも、呑みの席でいっぱい知り合って、朝まで呑むよーになった。夜通し呑んで、そのまま会社に行った日もあった。なんか、ファナティックでおもしれーし、感覚が揺さぶられる感じがしたんだ。そこは、オレの好きないろんなミュージシャンのたまり場だった。

日本のロック・シーンが回転して、旧態依然とした音楽業界が、なんか……漠然と、変わる気がしてた。

そん頃、バンバン同世代のＢＡＮＤが登場して「レコードのジャケットを作る人」の仕事はフルスピードで回転しはじめた。オレは会社に勤めてたから、上司に「タイムカード押して退勤したあとの夜中とか、休みの日にやらせてください……」って、特別に許しをいただいて……、「レコードのジャケットを作る人」をやってた。（会社員デザイナーとしては、イトキン、川崎製鉄、日産自動車、トヨタ自動車、三菱自動車、アサヒビール、JTB、ドミノピザ、すかいら一く、ロイヤルホスト……など、大企業のみなさまと仕事をさせていただいていた！）めちゃくちゃ忙しいし、毎日山積みの仕事がやってくる。時間たりねぇー！ って感じの生活。でも、そりゃ楽しくて、楽しくて……！ どちらも全力でやってた！

『BUCK-TICK』
2nd アルバム『SEVENTH HEAVEN』ジャケットデザイン
3rd アルバム『TABOO』ジャケットデザイン

新宿LOFTの階段で目立ってたPOSTERの5人と会った。あちこちに『バクチク現象』ってステッカーが、貼られていたし……当時は彼らも超多忙で新宿LOFTで呑んでるときも、居酒屋でも髪立てたまんま、だし。

スタジオでリハやってる時も……髪立てたまんま、だったようなー。撮影も、雑誌の取材やらなんやら抱え……一日に何本も……スタジオのハシゴ。で……『ROMANESQUE』とか『SEVENTH HEAVEN』とか、あれも……これも……で、いつも朝。日によってはお昼だった。『SEVENTH HEAVEN』では、アナログ盤をBOXセットにして、アートブックもつけた。自信たっぷりのアートブック!!　なんたって、オリコン・アナログ盤チャートの1位を獲得したのだ!!!!!

そして、『BUCK-TICK』ＣＦ登場だ!!!!!　ＶＩＣＴＯＲのラジカセCDianのコマーシャルソングにもなったシングル『JUST ONE MORE KISS』の大ヒット!!!　そして、日本武道館!!!!!!

会った当時、ほんと、ゆっくりと話した記憶が……ない!　で、ジャケットの方向性に関しても……じっくり相談してない!　ともかく、すっげースピードで動いてた!　ＬＯＮＤＯＮレコーディングの『TABOO』では、凸版印刷にあった大型コンピュータ「レスポンス」を使って、強力な眼力のあるＡＴＳＵＳＨＩの目のドアップをデザインした。強烈なインパクト!!!!　サカグチケンの世界!!!!

世界初のコンピューターデザインのＬＰ＆ＣＤジャケットだ!　これは、もう、名盤!!!　レコード大賞にもノミネートされた!　当時、どうやって、このインパクトのあるジャケットができたのか!　話題沸騰!!!　アナログ版には、ピクチャーレコード盤をつけて、さ。2枚組!!!!

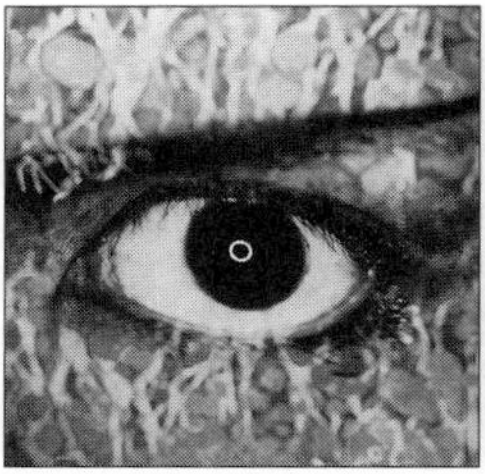

『THE BLUE HEARTS』
シングル『ブルーハーツのテーマ』
シングル『チェルノブイリ』

シングル『ブルーハーツのテーマ』ジャケット撮影で会った。「どこで撮影するぅ?」って、聞いたら渋谷の「モヤイ像の前」って……。リハスタ行く前に、いつもメンバーが集合する場所らしい。「ヘタなカメラマンがエワー」って言うので、その頃プロカメラマンを目指してたオレの弟、MASAの手腕にまかせた。おもいっきりチカラの抜けたPUNK ROCK from TOKYOの写真が撮れた。そのジャケットで彼らは武道館まで見学に行ってしまった。

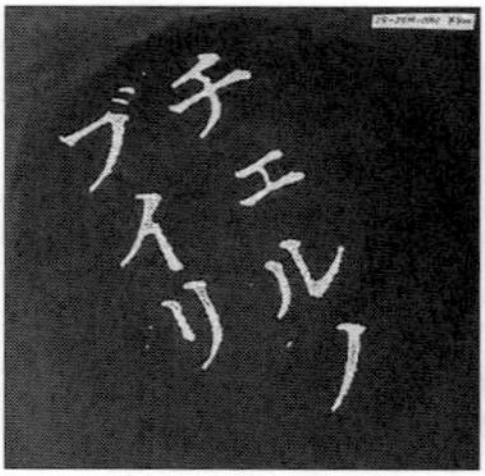

『THE STREET BEATS』
メジャーデビューアルバム『NAKED HEART』

メジャーデビューアルバム『NAKED HEART』ジャケットデザインで会ったが、世代も、聴いてた音楽も近かったことと、ØKI & SEIZI兄弟はオレとMASA兄弟との離れかたも似てて……ヤツラも上京したばっか、で友達あんまりいなかったらしく、よく一緒に呑みにいっては大騒ぎした。

ØKIはジャケットの方向性に関して、いろいろアイデアを持ってて頭の中にある自分のイメージを、どうやって出せばいいか、必死で悩んでたし、もがき苦しんでいた。そこが、オレ最高の元気の素！に似てたから、いろんな話でセッションしてた。

岡山から出てきた
THE BLUE HEARTSですけれど、
甲本ヒロトと言います。
あの、お金ないんですけど。

電話がかかってきた。直電だ。THE BLUE HEARTSのヒロトからだ。しかもサカグチケンの働いているまっとうな会社に。サカグチケンへのオファーはいつもこうなる。グラフィックデザイン年鑑に掲載されたアナーキーのポスターを見たという。年鑑には、サカグチケンのまっとうな勤め先の電話番号があった。サカグチケンとやりたいと、いきなりのオファー。

♪人殺し　銀行強盗　チンピラたち　手を合わせる刑務所の中～とか、チェルノブイリには行きたくね～♪とか、そういう曲だからメジャーでは出せない。だから予算がない。でもサカグチケンとやりたい。受話器越しにぼそぼそと聞こえるヒロトの声は、こちら側の胸にさぞ響いただろうと思う。

受話器の向こうのヒロトに、どこでバンドの練習をしているか尋ねると渋谷だと言う。ソッコーで渋谷のモヤイ像の前で待ち合わせた。金がないなら、写真は素人が撮るよと伝えた。カメラマン助手をしている弟に撮ってもらうと告げると、それでもOKというヒロト。

時間通りに来たメンバーを像の前に座らせて、いきなりそこで脚立を出し、魚眼レンズで、撮る。撮る。撮る。渋谷の街を行く人も、くっついてきたマネージャーもみんな写り込んだまま撮って、それをバーンとポスターにしてしまう。

でも、その虚飾《きょしょく》のない流れが、やっぱり嘘のない「THE BLUE HEARTS」を切りとっていく。「THE BLUE HEARTS」というバンド名もクレジットせずに、「チェルノブイリ」という曲のタイトルだけのジャケットもつくった。盤には核のマーク、ピクトを入れた。ヒロトは、喜んでくれた。

ヒロトの叫びたいことが可視化され、その叫びが凝縮されたデザインになった。

その場、そのとき、その刹那の衝動をサカグチケンは、モノにする。

それはどこか神憑《かみがか》っているというと大袈裟だけれど、なにか降りてきてるような時間なのではないか。まったく余計なことを足さない。必要なことだけを結晶化する。（佐倉康彦）

初めての個展

世間ではバンドブームで原宿ホコ天（ホコ天・イカ天ブーム。それにしても、なんでもかんでも天国かいぃ！　ってくらい）は、キャベツ頭したヤツラが、ランラン、ピョンピョン飛び跳ねては、似たようなカッコして、青春エンジョイしてた頃。

ヒットしまくるオレのジャケットデザインの作品を見てNHKの衛星放送がインタビューに来たんだぁー。「それにしても若いねぇー」って終わってからもディレクターからいろいろと質問されて、それでいろいろ話したら……原宿は竹下道りのど真ん中で、ディレクターの母親がギャラリーやってるんだーって……それで、「個展やらないかーいぃ」ってんで。生まれて初めての個展を原宿の「GALLERY HASEGAWA」でやることにした。

自分の住んでた部屋もオレの作品のPOSTERだらけになっちゃってたから、ちょうどいいかなぁ……って。じゃ、ここまでの作品をまとめたカタログだね！　ってことで、作品集『ロックをデザインする男　坂口賢』を自費出版した。

全国から来る子供たちでいっぱいになる夏休みに1カ月やっちゃえーって！

そしたら、人がワンサカ集まって来てくれて、近所の花屋さんも「なんか新しいお店できたんですかぁ」って。OPENING PARTYはグシャグシャになっちゃった。PARTYがおもしろいから、たびたび、BANDのメンツが遊びに来るたびにやった。

"The Man Who Designs Rock'n Roll" と題したこの個展ではロックミュージシャンをモチーフにした作品約50点を展示したが……ロックをデザインする男！！！

なんか、終わってみたら。もっと、でかい作品つくんなきゃ！ ミュージシャンのドデカイシルクスクリーンを美術館に持って行かなきゃ！ ってますます、制作意欲がメラメラ燃えあがってきた。『BUCK-TICK』も『THE BLUE HEARTS』も『G.D.FLICKERS』も『THE STREET BEATS』も『SION』も『DOOM』も……。

ガンガンLIVEやって……ともかく日本中が、ロックバンドを……激しく求め始めた。日本のロック・シーンは確実に変わって来てる。

2〜3時間しか寝ない毎日。たまに寝たら1日、ずぅ〜っとベッドの中……とにかく20代前半は……怒濤のごとく……動いた。

『BUCK-TICK』ギター　ーIMAIー事件

東京に戻ってきたら、もうすげーショックな出来事がオレを待ってたー。『BUCK-TICK』

がLONDONレコーディングの3rdアルバム『TABOO』をかかえてのTOUR中……のある日。オレが会社で企業広告の仕事をしていたら、会社の仲間が夕刊持ってきて……「これ、大丈夫なのぉー?」って。「なんだよ?」って見てみたらさ! ギターのIMAIが新種LSDで逮捕されちゃった! って記事で……! 何!? これッ!

……また、頭ん中、真っ白だ。だって、今日、スペシャルポスター付きの、日本武道館のLIVE VIDEO『Sabbat+I』『Sabbat+II』発売日じゃん。Yo Yo Yo Yo Yo Yo Yo Yo!

『アナーキー』のマリが殺人未遂事件を起こした時を、思い出し……で……また……BAND名取り上げられて………活動休止じゃん……Yo Yo Yo Yo Yo Yo Yo!

グシャグシャになるくらい思いっきり泣きながら呑んだ……かも知れない。ホント不安で……。

アンディの大回顧展から、帰ってきたばっかりでミュージシャンのドデカイ絵! シルクスクリーンで作ろうとしてた矢先の事だった。じゃあ! てんで……『IMAI事件の新聞記事』と。インスパイアされたアーティストの死は、何色かなぁーって考えて『5色の死』。

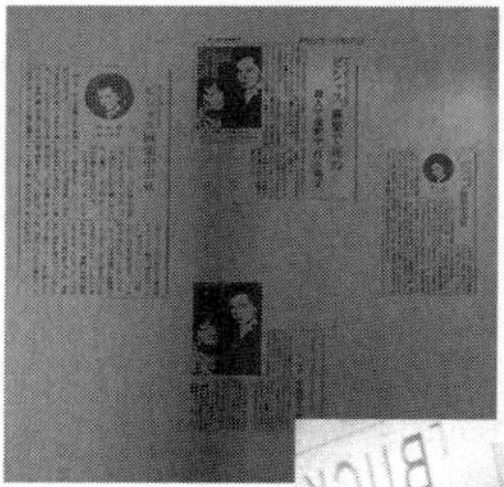

シルクスクリーン
『今井寿に捧ぐ』と
『5色の死』

『アンディ・ウォーホル＝銀の死』
『サルバドール・ダリ＝金の死』
『ジョン・レノン＝青の死』
『エルビス・プレスリー＝黄の死』
『シド・ヴィシャス＝赤の死』

この2大テーマにゴールデンウィークとお盆休みを使って巨大シルクスクリーンの制作に取りかかった。自分の身体よりも巨大なキャンバス1本×6人分と格闘した。その作品制作に、感情のすべてをぶつけてみた。

アンディ・ウォーホル。彼の制作風景のVIDEOとは似ても似つかない……会社の休みを利用しては大会議室の机や椅子をかたづけ、巨大なビニール・シートを広げ、空調の止まっちゃった蒸し暑い中。ひたすら、キャンバスに向かってた。体力が続いちゃうんだから、仕方ない……思いっきりペイントしてった。

ほんと、巨大な作品には、巨大なパワーが必要だ。オレの作品POSTERと、この新作の置き場所に困って……ちょっと都心から離れた下町に引っ越した。

「いったい何屋さんですか？」って、引っ越し屋さんに驚かれた。多分、こんな生活と直接関係ないモノのヤマに囲まれてるヤツってそんな、いないんじゃないかな。大量のLPレコードと作品POSTERのヤマ、ヤマ、ヤマ！　って巨大な世間から言わせりゃ……無駄なモンいっぱい生んでた。なにが、なんでも自分の初期衝動を思い出して、自分を引き締めなきゃ！　ダレちゃ、ダメなんだぁ！　って。昔のムチャクチャ加減を……忘れちゃわないようにぃ!!　イタズラ心と、衝動感に、も一度。火をつけてやった。

そうこうしてる間に12／29『BUCK-TICK』が『バクチク現象』東京ドーム ライブで復活を遂げるってNEWSが入ってきた！　BAND名取り上げられてないし……もうNEW ALBUMのレコーディングに入ってるって……それで……パンフレットの撮影やら、『悪の華』のジャケット制作がスタートした。……『アナーキー』の件があるから……ってホント心配したけど……スッゲー！　グッド！　ニュース！　これで、ファンも生き方変わるし。ほんと、もう泣かないで済むんだぁーって、すごいうれしかった。で……入魂のタイポグラフィー！！！　すべて、サカグチケンの手描き！！！

ますます、『BUCK-TICK』とよく呑みにいっては、よく喋れるようになった。出会いから、ずっと彼らは超多忙で、ほんと仕事上のミーティングの席や撮影現場でしか会ったことがなかったから…………ほんと……やっと人間同士が出会ったってのが、この頃かも。

BUCK-TICKの今井寿、櫻井敦司。
そしてオレ。
命を運ぶ、いっしょにじたばた運んでる。
それが運命共同体ってことだ。

ウォーホル、ダリ、ジョン、エルビス、シド。「5色の死」というサカグチケンの巨大な作品群の中には、実はもうひとりのミュージシャンがモチーフになっている。BUCK-TICKの今井寿だ。

先のモチーフになった5人の表現は、その死を、その記事を切り取り叩きつけながら、サカグチケンの思うそれぞれの死に紐付いた色が配されていた。でも、今井のものだけは少し違った。今井が違法薬物、新種LSDで逮捕された記事がモチーフとなりながら表現されている。なぜなのか。サカグチケンはアナーキーのマリの事件も記事をモチーフにポスターにしている。初期衝動で、仲野茂と出会ったときに、その作品を見せている。同様に今井の事件もかたちにした。

サカグチケンは、今井を観察していた。凝視していた。曲作りのセンス、求める方向性、今井寿って「スゲー才能あるな」とサカグチケンは思っていた。

親しくなるにつれて、高校時代の仇名が「アナーキーくん」だったこと、タバコ屋だった今井の実家に入り浸ってた悪ガキたちが「スターリン」のコピーバンドをはじめ、それが雛形になり、BUCK-TICKにつながっていくことも知る。

今井とサカグチケンふたりの影が重なり、少しずつつながっていく。濃くなっていく。あのBUCK-TICKのアルバム『悪の華』をデザインしたアートディレクターとBUCK-TICKのギタリスト。そんな役柄、配役を越えたところでサカグチケンは今井と交わる。

今井が曲を作る。デモが上がる。夜中の3時にサカグチケンの家の電話が鳴る。

「曲、聴いてぇー」受話器の向こうの今井の声に、サカグチケンが応える。明け方近い時間にタクシーを走らせて今井の家に向かい、そこから朝までデモを聴いて、酒を呑みながらアルバムについて話す。ギタリストとデザイナーがだ。

渾身の曲ができたら、メンバーや同じミュージシャンに聴かせたくなるはずが、今井は、サカグチケンに聴かせたくなる。そしてふたりでアルバムタイトルを決めようという話になっていく。

いつの間にか世間が引いてしまったつまらない線を、縄張りのようなものを軽く飛び越えていく。そこにボーダーなどない。

「BUCK-TICKの今井、櫻井、そしてオレ、運命の共同体というか、そんな感じかな」

その頃、サカグチケンは二十代半ば。「もう人生半分過ぎちまった」と思っていたという。もう人なんて50年でいっぱいいっぱい。もう半分過ぎてしまった自分ができることは何かと思っているときに今井の事件は起きた。

今井寿と藤沼伸一の音楽性はまったく違う。櫻井も違う。

「敦っちゃんとは、そんなに話さないな」でも淡々と呑んでいて「ああ、わかるわかる」となる。言わなくても通じる。

そんなふうにサカグチケンは彼らとつながっていく。あるいは彼らの方からサカグチケンとコミットしていく。その三者三様の音楽性の違いがサカグチケンのデザインの虫をくすぐる。

シングルの曲にしても全部違う、アルバムのコンセプトだってばらばらだ。この曲はこのジャケット、アルバムならこんなジャケット、毎シングル、毎アルバム、サカグチケンの表現はどんどん変わっていく。

普通のアーティストなら似たトーン、同じような絵になっていく。パターン化されていく。「型」のようなものができあがるはずなのにサカグチケンはまったく違った。すべてが異なる表現になる。

音がこうだから、その中身がこうだから、その「こうだから」を突き詰めていく。「こうだから」に応える表現だけを求める。とことん藻掻きながら楽しんでいく。

だからジャケットを見れば中の音を聴かなくても、わかるのだ。


（佐藤康彦）

第2章

1990年－1999年

サカグチケンファクトリー株式会社を設立

26歳。そろそろ、ただ繰り返しだけの毎日と別れ告げてかないと！　しゃんと自分の足で、世の中に立たなきゃ！　って。真剣に悩んで、１９９０年って数字のキリもいいし、6月にサカグチケンファクトリーって会社を六本木に設立した。副業だった［レコードのジャケットを作る人］の仕事から、本職として、［音楽とコラボレートできる会社］をつくろうって思ったの。「会社ってどうやって作るんだろう？」……ってところから、わからなかったから、先に独立した先輩のクリエーターや同僚、会社の上司……とにかく、あらゆる人に相談して、考えて。でも、あせんないで。考え、考えて……で。会社で会った3人と、六本木のど真ん中で！　独立した！！！

ガキの頃、「こりゃ、できる！　オレでもデキル！　やれば、できる！」って、『SEX PISTOLS』の黄色のジャケット！　を眼にした衝動感！　を思いおこして。何度も、自分に喝！　を入れ！　好きな仕事で生きていこうって決めたんだ。

『THE MAD CAPSULE MARKET'S』アルバム『HUMANITY』

独立したタイミングで、『THE MAD CAPSULE MARKET'S』ってインディーズの4人組と出会った。アルバム『HUMANITY』ジャケットデザインの仕事で横浜の中華街で飯食いながら初めて喋ったんだけど……よくあるタイプの人間像とは、ちと違う……なんていうか、オレがじっくり観察されちゃってるっていうか。

「バンドブームって、何？　オレたちゃレコード会社なんて、大人なんて、周囲に振り回されないし！　ぜったい、騙されないっ」て……すごい意志のカタマリをそこに感じたのだ。独立した矢先に、そんな4人と出会って、ますます勇気をもらった気がした。これからインディーズをリリースする。まさに、オレの事務所と一緒に出発する感じだぁ！

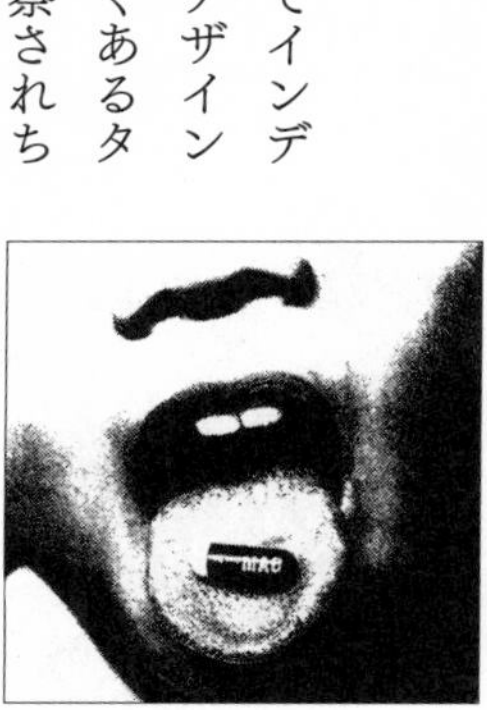

アップルコンピュータ・ジャパン『マッキントッシュ』

会社員時代に知り合った営業マンがアップルコンピュータ・ジャパンに転職してて、そこから『マッキントッシュ』の日本初めての広告キャンペーンや、カンムリ・スポンサーで開催する『ジャネット・ジャクソン　ジャパンツアー』の公式ロゴマーク、ツアーポスターデザインの仕事も来た。これも『BUCK-TICK』が東京ドームでLIVEを開催したから……かなぁ……とか思ったけど。ｈａｈａｈａｈａｈａ！

『BUCK-TICK』アルバム『惡の華』

アルバム『惡の華』をリリースして、今じゃ考えられないが、全曲のPVを作りながらも念願のTOURをスタートさせた。横浜アリーナも出来て、そこでのLIVEも決定した。ファンの喜ぶ顔も想像できる……おまけにTOURで売るパンフレットの撮影では、その後、長い付き合いになる同世代のクリエーターとも出会えた。ヘアメイクの谷やん！（現ファッツ・ベリーの谷崎さん、ね）

それまで一緒に仕事したのって、ヘアメイクっていえば女の人か、ちょっとゲイっぽい人が多かったのね。でも彼は、オレと変わんねー！　男くさいヤツで印象残ったのと、やっぱ同部屋でガンガン呑みながら、これまでの、ここで会えた、いきさつをハラ割って喋れたってのがデカいなぁー。

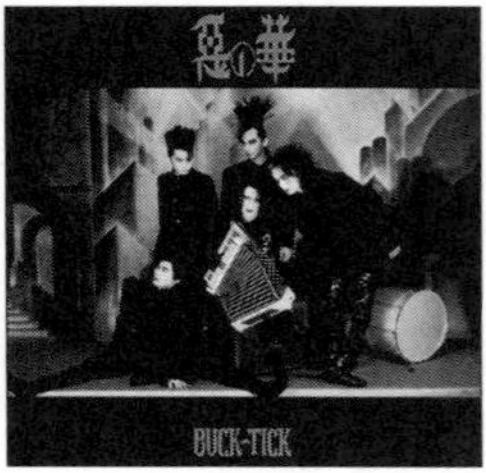

「カム・ブリード・フォー・アワ・ライツ」〜「dead start」の時代

イベント「dead start」

1991年アメリカが湾岸戦争を勃発させた、その年。

「dead start」なる、本来オレがやりてーようなカタチの、音楽とアートをミックスさせたイベントを考えはじめた。

『アナーキー』のコンポーザーであり、ギタリストの藤沼伸一（伸ちゃん）の顔が、まず浮かんだ。徹夜で呑みながら、伸ちゃんにヴィジョンを残らず吐き出した。

近所のコインランドリーに行って乾燥ドラムの中に入って回転して遊んだり……顔にラクガキを描いたり、描かれたり……いろいろ伸ちゃんオススメの映画なんかを見たり……で…………お気に入りの映画監督『ディヴィット・リンチ』の摩訶不思議世界に突入しちゃったり……まぁ、一般的な呑みとは、かなりかけ離れてたってことは、間違い、ない。

これは伸ちゃんの人生か！　って思える20分を超えちゃう大作「dead start」のテーマソ

ングの制作&レコーディング&LIVE演奏は、もちろん。

仲ちゃんがVIDEOで撮影から編集までしたショートムービーの上映やドローイングを出展してくれることになった。

仲ちゃんって、オレが『アナーキー』の親衛隊やってた頃から、絵や映像、つまり芸術+自由表現のカタマリみたいなアニキだったから……。どんどん話がおもしろいように転がりはじめた。人生のこと、表現者としてのこと……深く、重く、伝えてくれた。

友人のアーティストの『江戸アケミ』さんが不慮の事故で亡くなられた年でもあり、オレは会場で10メートルくらいのキャンバスに向かって『江戸アケミ』をイメージしながらライブペインティングをすることにした。

そうして、「dead start」のことを話して、参加してもらえるアーティストを仲ちゃんとオレで募ることにした。

『THE ROCK BAND』のメンバーは参加決定！　シゲル。テラオカ。コバン。

『THE ROCK BAND』の友人たち。シャイ&ムーニー。

『SION』のバックでサックスプレイしてたスマイリー松本。『ARB』でキーボードやってた野島健太郎。

オレは『G.D.FLICKERS』『THE STREET BEATS』『THE MAD CAPSULE MARKET'S』に声かけて、参加してもらえることになった。

……今、考えたら、物凄い意外な組み合わせの……音楽とアートをミックスさせたイベントのスタートである。

6月20日クラブチッタ川崎。

オレにとって忘れちゃならない、最初の「dead start」…………。

『BUCK-TICK IMAI 新種ＬＳＤ事件の 新聞記事』と。

『江戸アケミ』

インスパイアされたアーティストの

死は、何色かなぁーって考えて描いた『5色の死』。

『アンディ・ウォーホル＝銀の死』
『サルバドール・ダリ＝金の死』
『ジョン・レノン＝青の死』
『エルビス・プレスリー＝黄の死』
『シド・ヴィシャス＝赤の死』

……どこで展示するかなんて考えず制作した5メートル～10メートルの巨大なキャンバス作品はもちろん。19歳からコツコツと溜め込んでたポスターのほとんどを、やっと一堂に展示できることになったのだ。

『THE STREET BEATS』のステージでは、ステージに引っ張り出されブルースハープと1曲ボーカルをやらされた。

フゥ～これだけは、えらいガチガチに緊張してしまい情けなかったが、最後、新宿ロフトでの打ち上げまで……最高！　に、おもしれーもんだった。

これをきっかけに、音楽とアートをミックスさせたイベントの快感に取り憑かれてしまい、同年、Mr.サンハウス柴山俊之のバンド『Ruby』のアートディレクション／ジャケットデザインをきっかけに、12月29日渋谷ON AIR EASTにて、ロックバンド『Ruby』とのジョイントで展覧会を開催して、会場で新作を発表（アクリル&シルクスクリーン）したり、法政大学でのイベント『BLAST OFF ROCKS』MUSIC ART GALLERYにてMERCY KILLING（ルイズルイス加部／鈴木亨明バンド）＋60/40（下山淳ex.THE ROOSTERZのユニット）＋舞士（藤沼伸一のユニット）と共演ライブペインティングして舞台美術のアートワークを手がけたり、『THE MAD CAPSULE MARKET'S』と一緒に新宿パワーステーションで強烈なＬＩＶＥ空間を作り出そうと、舞台後方に巨大な壁画作りをしてみたりと……机の上だけじゃ表現できないアート作品制作に熱を帯びてくるのだった！

「レコードのジャケットを作る人」になってはみたものの「それからドウスルノ　オマエ！」っていう危機感があったから、ＬＩＶＥに顔出してはいろいろなアーティストの声を聴いて……。『生きてる鼓動を聴くんだ……。鼓動を……感じるんだ。すべての自分自身の能力をフル回転させて……オレとよく似たカタチの魂の鼓動を……感じるんだ。呼吸のイメージ。血の流れるイメージ。心の底から、笑って。怒って。泣いて。笑って。生まれた時の泣いてる自分のイメージを……思いながら……オレとよく似たカタチの魂の鼓動を……感じるんだ』って……。

オレは死んで始まる……「dead start」で得た強いイメージを大切にしてる。

それは、オレずっと忘れない。

藤沼伸一は泣かなかった。
たかが死んだだけじゃん。
それは、つぎのはじまりに過ぎない。
生きることにつながる、それ。

じゃがたらのヴォーカルが死んだ。風呂で溺死した。その江戸アケミの葬式に参列したアナーキーの藤沼伸一は、泣かなかった。会場では、誰もがむせび泣いている。それでも藤沼は「たかが死んだだけじゃん」と思い続けた。

その話をサカグチケンは聞いて、自分の作品を藤沼に提示する。「5色の死」とタイトルされたその巨大な作品群は、サカグチケンがニューヨークのＭｏＭＡ（ニューヨーク近代美術館）で見たアンディ・ウォーホルの回顧展がイグニッションとなったものだ。インスパイアなどというキレイなものではない、サカグチケンの太い導火線に火がついた。青白く閃《ひらめ》き着火された。

アンディ・ウォーホル、サルヴァドール・ダリ、ジョン・レノン、エルビス・プレスリー、シド・ビシャス。5人の死、それぞれに銀、金、青、黄、赤と一色にシルクスクリーンで染め上げられ刷られた5メートル×6メートルの巨大な作品は、そのまま棺の上に被せられる棺巻のようだ。「5色の死」は、サカグチケンにとって5つのショックだったのかもしれない。それぞれの色は、サカグチケンの直感だった。その作品を見ると、もうその色しかないように思えてくる。鈍い銀のウォーホル、狂った黄、血の赤、眼光のような金、抜けるような蒼穹《そうきゅう》の青。そして見上げるほどの巨大な作品。それは人の死の碑ではなく、どこかはためく御旗のような存在だ。死の宣言、記事は、つぎの生を誘発する産声のようだ。

5メートル×6メートルの作品が5つ。その作品を世に送り出す。その舞台が、ハコが必要だった。「5色の死」は、クラブチッタ川崎におけるサカグチケンの個展「dead start」で展示される。そのときに藤沼伸一は、サカグチケン自身が命名したタイトル「dead start」に対して曲をつけてくれた。

20分。一曲。

パンクロッカーがそんな長い曲作るかね？　サカグチケンはそう言って笑った。「5色の死」が5つのショックが藤沼伸一にそうさせた。

「dead start」という言葉の響き、意味。そして、江戸アケミの死。たかが死んだだけじゃん。藤沼伸一の胸の内を巡っていた思いが、その一曲に濃密な物語として凝縮され、ディティールを与えることになった。

クラブチッタ川崎に於《お》いて、「5色の死」と、藤沼伸一の曲は、披露された。パンクロッカー藤沼伸一が、死とそのつぎの始まりを、20分の音で塗りつくした。

（佐倉康彦）

『BUCK-TICK』
アルバム『狂った太陽』

この年『BUCK-TICK』は一転して超エレクトロニックなアプローチと独特なメッセージを持った名アルバム『狂った太陽』をリリースする。その後の『BUCK-TICK』スタイルを確立したとも、言える（？）かなっ。

当時、デザインの現場にもＭａｃが導入され、ウチでも『Mac IIci』入れたんだけど……８Ｍしか容量ないでしょ……今じゃない……考えたくもない……写真素材入力するだけで2日間徹夜でしょ。外付けのハードディスクにバックアップとっても、パンパン！『Mac IIci』様に向かって、まるで、家の仏壇にでも拝むイキオイであったｈａｈａｈａｈａｈａｈａ！ アーッッ！ 外のデカイコンピュータ使えば良かったって……反省しても……もう……遅い。なんて……イマ考えれば……ウスノロなマシーン『Mac IIci』だったが……かわいいヤツで、休まず働いていただきました。

それくらい、デザインの現場は、まだまだ、全面アナログな時代背景で、エレクトロニックなアプローチするグラフィッカーたちを数えたら、ほんと片手で足りた、かも知れない。それでも、このジャケットは話題になった!! なんたって、透明ＦＩＬＭ６枚と、透

明ＢＯＸで完成するジャケット。これも話題になった！！！！　タイポグラフィーも、また、サカグチケンの手描き！！！！！

その後１９９２年はじめにリリースするアルバム『殺シノ調べ』では……それまでのレコーディングのウサを晴らすように……過去に産んだ楽曲たちを、全曲リ・レコーディング。いうまでもなく、見事に成長させて見せてくれた。やはり、ここでもコンピューター！！！　マニピュレーターの横山和俊の参加が、大きな台風を起こしたのだ！！！

『THE STREET BEATS』
アルバム『STANDING STANDING』

出身の広島時代のオリジナルメンバー2人を再び迎え入れ。湾岸戦争にも怒りをあらわにメッセージ色の濃いアルバム、声高らかに『STANDING STANDING』をリリースした。オレは「THE STREET BEATS」をモチーフにＪＡＧＤＡ平和ポスター展'91に出品。ひろしま美術館など各地を巡回させた。『赤い空の下で』っていう曲からインスピレーションを授かり……ＪＡＧＤＡ平和ポスターに、この楽曲を捧げた。ＮＥＷ ＹＯＲＫ ＡＤＣ賞も受賞する。作品は

世界をまわった！

『LUNA SEA』
アルバム『IMAGE』

この年『LUNA SEA』の5人と出会う。1989年の『バクチク現象』東京ドーム ライブを高校生時代に見に来てた世代なのである。まさに、オレの弟世代の登場。インディーズなんだけど……1st. ALBUM『LUNA SEA』をリリースし、全国ツアーの真っ最中！ フールズメイトからは5人5冊。5人5様。＋1冊の本をリリースしてるわ、日本青年館はSOLD OUTしてるわ。ってんで……UNDER THE NEW MOON TOURの日本青年館に行った。もう、そうだなー。とにかく開場する前から真っ黒！ なのと、客席。リズムに合わせてアタマをガンガン振り乱す、メンバーと同じ髪型＋衣装をきた女の子（コスプレ？）に、まず、驚いた。

ともかく『LUNA SEA』はインディーズとはいえ、会場をモノにしてる貫禄と演奏力にもっと驚いた……。ファー!! 凄ぇぇ弟世代の登場だぁ！

しかし、このBANDにはリーダーが存在しなかった。そこでオレは、メジャー・ファーストアルバム『IMAGE』で、5人に『IMAGE』の部屋を与えた。「自分が、考えてるやりたいことを、オレに持ってこい！　それを叶えてあげるから」って！　それくらい『LUNA SEA』に関してのヴィジュアルはサカグチケンの世界を存分に提供した。まるで6人目のメンバーだった。ジャケ買い！　を、させたかった！　もちろん！　ヴィジュアルで、ね。ジャケットの素晴らしさで、音楽を聞いてほしかった！

FLY INTO YOUR DREM
布袋寅泰との出会い

いつものように、ハシゴして呑んだ明け方……、覚醒したサカグチケンを乗せたタクシーがテレ朝通りを走る。ふと、右手のテラスを見ると、布袋寅泰が、1人、空を眺めていた。「運転手さん！！！！！　ここで、おろして！！！！！」オレは、いきなり布袋寅泰に声をかける！！！！！「COMPLEXかっこいいです!!　オレ、BUCK-TICKのあの、Macでデザインした、アルバム『狂った太陽』の、デザイナーのサカグチケンです。一緒に呑みませんか！！！！！」

「あぁア！！！　お前が、サカグチケンか！！！！　呑もう！！！！」

布袋寅泰は、買ったばかりのポルシェにオレを乗せて走り出した……Gaaaaaaaaaannnnnnnnnnnnnnnnnnnnnnnn〜

なんと、子猫を跳ねちゃった。嘘だろ！！！！！　オレは死にそうな猫を抱えて、助手席へ……。そして、布袋寅泰の家に着いた……。オレたち2人は、死にそうな子猫を抱いて……電話に向かう……今やってる動物病院が見つかった……2人で、急いで向かって、看護する！！！　死ぬな！！！！　死ぬな！！！！！！！！　でも、残念ながら子猫は息絶えてしまった。オレたちは、川崎の河口に向かった。綺麗な丸い化粧箱を棺にして、亡くなった子猫を川に流す。じゃあな！！！！　グッド・バイ！！！！！！！！！

「俺たちまるで、傷だらけの天使だよね！！！！」

布袋寅泰とサカグチケンは泣いた………長い長い、出会いの、太陽の影を、眺めながら……帰路についた。

その後、リリースされた布袋寅泰の名曲『FLY INTO YOUR DREM』は実は、この事件が、元になっているから、おもしろい。あの、子猫も、魂は死なないのだ!!　背中を押してくれる。何年待っても、変わらない。黙っていても、日は昇るんだ！！！！！

未来人になれ！　未来しか、見ちゃ、ダメだ！！！！！

レッドシューズ

1992年あたりから、オレにとってスッゲー印象に残ることの多かったBAR『レッドシューズ』！

そこは西麻布の交差点にあったんだけど……そう……あの、バス停んとこ。オレたちが帰るまで、朝まで居たなぁー！　どんなに仕事が遅く終わろうと……「まずは西麻布……レッシュー行ってみるぅ！」の『BUCK-TICK』U-TAのかけ声と共に……オレたちの、優しくて、永遠に続きそうな夜がBAR『レッドシューズ』で始まった。

『BUCK-TICK』のメンバー5人＋スタッフでたびたび……ってか、またかよ！　ってくらい通った。

そう、そのころは日本の、ほとんどのアーティストが夜な夜な集うとこだった。

オレのアニキ分の『アナーキー』のシゲルは、もちろん。『ARB』や『THE ROOSTERS』『BOØWY』『サンハウス』『SHEENA & THE ROKKETS』っていった新宿LOFTで知り合ったアニキたち……その後、仕事することになった『一風堂』の土屋昌己。役者の三上博史。松田優作、内田祐也や北野武、ジョー山中、矢沢永吉…………もう、あげたらキリないくらいLIVEやTVや映画でしか、会ったことのないアーティストたちが、ほんと……夢みたいに、集まってんだワーhahahahahahahahaha～！

誰かしら居て呑んでた。夜どおし、いかしたROCKが流れるBARはゴキゲンで、みんなアーティスト同士が、とてもフレンドリーで。世代とかスタイルを超えて、コミュニケーションを交わしてた。今の時代みてぇに、やれ完全個室化だ、カラオケルームだっ！て遮断しちゃわないで。見知らぬ人間。対。見知らぬ人間の社交の場所。知り合いが、知り合いを呼び、店員を介してとか……とにかく、照れ屋さんが、そのほとんどを占めるアーティストが、新しい仲間を作るのには絶好のロケーションだった。

オレもそんなメチャクチャ酒を呑まない『THE MAD CAPSULE MARKET'S』のメンバーやらデビュー当時の『LUNA SEA』のメンバー……いわゆる仕事上での弟分を引き連れてっては、先輩BANDを紹介したし。弟分の知り合いのBAND仲間も、いっぺぇ……、紹介してもらった。『DEEP』のメンバーやら、FURUTON……etc.

そこでは、所属事務所や、所属レコード会社を超えてのセッションが可能だった。レコード会社のスタッフ、イベンター、放送局やら、出版社やら、音楽ライター（酒呑み日記？

某テッシー）やら、写真家、スタイリスト、ヘアメイク、モデル、アイドル……もうジャンルもあげたらキリなーし！

　それこそ、会議室じゃ生まれない、限られた時間では生まれてこない……ブッとんだアイデアの数々！　がレッシューで産声を高らかに、あげたかも知れない……いや……そうだ。

「ケンっ！　あのジャケットって、どこで、誰と、セッションして、どういう処理してんだぁー」だとか、「なんで、こんな風にしなかったのー」だとか、「こんだぁーあんな事、こんな事してオレと遊ぼうぜぃー」だとか、「そりゃ、ヒ・ミ・ツッ！」とか……まあ、次から次。ホントよく喋った。そこ行きゃ、誰か居んだろうって思って。西麻布レッドシューズを目指した。

　時には、なぜだか、草サッカーの試合後の打ち上げの流れで……そのまんま、ジャージで。サッカーボールもって呑みに行ったり……もちろん、フロアでサッカーの試合なんて、出来やしねーのに。

　そうだ。カウンターから真っ逆さま。肩から落ちちゃったこともあって……。

　そん時、店長だったＤＪモンティーヌ（レッドシューズ＆ＲＡＬＬＹオーナー／門野＝モン

chan）がワザワザ、オレん家まで朝連れて帰ってくれたり……で、お礼にと、1杯のバーボンと。スパゲッティを作ってもてなしたのだが……出来上がったスパをお皿によそおうと思って……アッ！　Ａｈ－Ａｈ－Ａｈ……絨毯の上にスパも、真っ逆さま！　で、次の日、病院行ったら「ケンさーん。肩。折れてまーす」だってぇ。これが、オレとレッシューの『スパゲッティ事件』!!

酒。
BUCK-TICKの席がある。
尾崎豊もひとりでいて。
でも、みんなつながってたよ。

『四月の海賊たち』のアルバムデザインで、「ナニアレ?」とギョーカイの目が、ロックをデザインする男にロックオンされた頃、サカグチケンにBUCK-TICKのセカンドアルバムのオファーが舞い込む。

サカグチケンは、デザインするミュージシャンの曲を聞き倒す。あいつは、曲からインスパイアされるというよりも、その曲をプレイする人を見るのではないかと思う。

BUCK-TICKのリハをサカグチケンが覗きに行ったときも、人を見ていたのだと思う。部外者のロックをデザインする男が侵入していることで、緊張気味のメンバーたち。かなりシーンと大人しいリハをしている。それがなんだか気に障った。サカグチケンは、メンバーを酒に誘う。

BUCK-TICKのヤガミトールに「なあ、お前ら、いつもこうやって黙ってリハやんの?」とサカグチケンが絡み気味に尋ねると、「他人をリハスタに入れたことなくてキンチョーしてるんす」と返ってきた。「じゃあ呑もう」となる。

レッドシューズには尾崎豊もこそっといたりする状況で、サカグチケンは、サカグチケンをフルスロットルにする。

ある夜も、今井寿と呑んでいると尾崎が話しかけてきた。そのあと今井の家で、とことん呑んだ。ビールだけで尾崎豊をベロベロに酔わせたこともあったという。

サカグチケンは、とにかくロックをやる人間の内側に入り込んでいく。仕事としてデザインをするということはもちろん、プライベートにもごりごり入り込んでいく。

その頃のサカグチケンにとって、アーティストに会うということは、アーティストと呑む、ということに近かったのかもしれない。

今、サカグチケンは、一滴も酒を呑まない。呑む人間というより、酒に負けてるやつのことを蛇蝎《だかつ》のごとくあいつは嫌う。でも当時は、鯨飲《げいいん》の人、酔って候の人だった。「意識の拡張剤だよ。イマジネーションわくし。リーガルだもんね」あいつの口から、転がり出てくる言葉は、もう酒をおちょくっているというより、酒のことなんて眼中にないようだ。

（佐倉康彦）

『BUCK-TICK』横浜アリーナ　ライブ『Climax Together』における
グラフィックワーク

映像作品として1992年リリースもされたBUCK-TICK横浜アリーナLIVE『Climax Together』。これは、今まで見たLIVEの中でも……すべてに於いて印象に残ってる。

まずは、パンフレットの撮影から……。オレは、今までBUCK-TICKを撮影したことのないカメラマンをチョイスすることにした。会社員時代、あるビールメーカーの仕事で知り合ってから、その独特のスタンスでポートレイトを切り取っていたM・HASUIが、またアタマをよぎった。その8×10の大型カメラで、静かに……静かに……闇の中のろうそくのやさしい光だけで……『BUCK-TICK』のメンバー個々に、その魂をキリ取ろうって……考えた。

まずは、スタジオでM・HASUIは、すべての音をシャットアウトした。初めてだ。メンバーとカメラマンの息づかいしか、流れない……。その空間は、静かな戦場のようだった。メンバー全員が……多分……初めてになるノーメイクでのシューティングだし……

1カット、1カットていねいに、ていねいに……進めていった。

from DARK SIDE…… まさに、その表現にふさわしいセッションになった。この空気感だ。今『BUCK-TICK』に必要だったフォトセッションは。

ATSUSHIの時もM・HASUIは、説明する……「シャッター切る時は、動かないでください」……ここで……ATSUSHIは……また、M・HASUIと勝負する。どう読んだのか、そのシャッター切る一瞬に、ある気持ちを込め、もの凄い形相を見せたし、フィルムに焼きつけてった。（それは、当時のパンフレットにちゃんと記録されてる……）

「アレッ凄ぇ！　凄ぇもの見た」って撮影後ATSUSHIに呑みながら言ったら……例の怪しい笑いで……口元がピキッ！　とウインクした。

このLIVEでは、オレが高校の頃買って、ずうーっと使うこともなかったギターHS・アンダーソン・カスタム・ヒューストン（通称アップルギター）をIMAIがアンコールで使用してる。生産中止されてたこのアップルギターがこれがきっかけで、再生産されることになって驚いたが……。とにかくオレが『アナーキー』好きで……ギターのマリが持ってたアップルギターが、どうしても欲しくて……。必死こいて貯金して、手にいれたものだけど、オレ、ミュージシャンやってないし……。

れな

んと

……

…ーの影による

…VEパフォーマンスも……もうひとつのBUCK-TICK完成型を感じた。それぞれ、このLIVEに関しては、いろんな思いがあるだろうから……解説はこれ以上やめちゃう。として………、打ち上げでの話。この日の夜は、LIVEの達成感もスッゲーあって……、いつもの呑み会とは違う、おもしろいものになった。

……で、いつものように六本木に呑み屋もなくなったから、麻布のオレん家で、とどめに！　まだまだ！　呑もうってことになって……、いつも最後までのメンツ。ATSUSHI　IMAI　八木さん　マネージャー　スタッフ　呑み屋の友人たち……etc.

また、また、また……すげぇー家族！　が集まった。で、IMAIと2人乗りで、オツマミ買いに行ってくるワーって行く途中……さらに呑み屋の友人が……「IMAIさぁーん！　KENさぁーん！　オツマミ買って来ましたぁー！」って………！！！

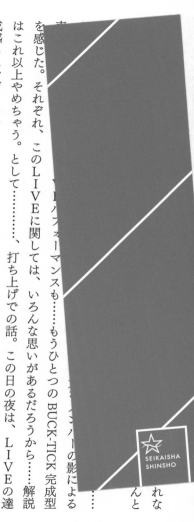

ここで、またオレ事故やっちゃいました。慌てて自転車ケツから飛び下りたときに、サンダル履きの……オレの……足の……オヤユビが……親指がぁ〜!! 爪をすべて剝がしてしまったと…………サァ〜ッ!

もう、昼時だったと思うけど……ATSUSHIが「KENっ! オレが病院連れてくッ!」って……でも……さ……昨日、横浜アリーナでLIVEした男に……なんで……頼めましょうか! 結局、レコーディングのスタッフが親切に病院連れてってくれました。

恐怖の爪剝がし!! ……それは、いいとして、その日は午後イチから『THE MAD CAPSULE MARKET'S』アルバム『SPEAK!!!!』ジャケット撮影でしょ。

けっきょく、MADのマネージャーに電話して、仮眠した後……撮影スタジオをめざした! ほんとオレの打ち上げClimax! は……いつも……オバカさん!

ジャンルを超えて、国境超えて……

『DJ KRUSH』
アルバム『KRUSH』

『DJ KRUSH』といえば、今や、世界でもその名は轟く男。ヒップホップを極東から、地球を逆さまに廻したDJ!

ヒップホップの母国・アメリカのAFIMアワードでも2002年・Best Electronica Album部門で最優秀賞を獲得! アメリカでいうところのエレクトロニカは日本の定義とはずいぶん違い、CHILL OUT系をさす。らしい。

この賞は売上げではなくartistic merit(芸術性)におくられる賞で、アーティストから確実に音が支持されているという証拠とのこと。ヒップホップの母国・アメリカでも君臨する。ほんと、すばらしい。

1994年の冬……そんな『DJ KRUSH』と会った。もともと、女優で、プロデューサーでもあり。ラジオのDJも務める『浅野典子』。彼女との出会

いからだった。……新宿にある彼女の事務所で、いろいろ話をしていく中で、もちろんオレの仕事にも興味を示したのだが……それより……遥かに素晴らしい……さまざまな人々の話。

プロデューサーたる彼女がインフォメーションする、アーティスト、写真家、映像作家、音楽家、ファッションデザイナー、クラブACT、小説家、役者、女優……んーッまさに、底知らず。もう、『浅野典子』の頭ん中って……どんな広さの宇宙が……どこまで広がってんのかぁ!! って悩んじゃうくらい……とてつもない、マザーを感じたのだった。

おまけに、オレのアニキ分『アナーキー』のメンバーをはじめ、あの新宿LOFTで、ガンガンやってた『ARB』や『THE ROOSTERS』や『PANTA』……あーまた、またあげていくとキリがない……さまざまなロックアーティストとも……深い交流があるってんだ。

で、彼女はオレに、こう切りだした。

「ケンちゃんは……ストリートから生まれたヒップホップって興味ないのぅー?」

当時はアメリカのヤンチャなガキ[BEASTIE BOYS]のアルバム[LICENSED TO KILL]や[CHECK YOUR HEAD]が……カッチョイイってくらいで。日本では……（今と変わんねぇーけど……）カラオケ歌ってワーイってくらいの、カルイ感じの仲良しラップって認識しかない。…………オレって、もう、ほとんどヒップホップのこと知らねーし。でも……本来は……不良の音楽ってイメージあるから、興味ある！　ある！　ある！　って。怒りを感じるシンプルな叫び！　と！　奥深くどっしりしたブレイク・ビーツ!!　だぁーって。

そして『浅野典子』の事務所で、『DJ KRUSH』本人とはじめて会った……。

彼は背中丸め、暗いスタジオでターンテーブルと戦ってる最中だった。なんか……包丁を研ぐ、一瞬のスキもない職人のイメージだぁ！　大変だぁー!!!

言葉、少なめに挨拶をして……あとは……その緊張感だらけの『ターンテーブル』対『DJ KRUSH』を、ただただ……圧倒されながら……眺めてた。

1994年1月。1st.ALBUM『KRUSH』のジャケットデザイン！　もちろん、アナログ盤も！　カセットテープで『KRUSH』のデモトラックを聞いた。それも……また……驚かされる。……アメリカのヤンチャなガキ！　じゃない。アメリカのガキ・Bボーイにゃ。ついて来れない……なんか……この極東に産み落とされるべくして、産み落とされた極東の『DJ KRUSH』が産んだ『KRUSH』って音だった。

で、オレはヨーロッパにルーツのある男で、今は東京に滞在中のカメラマン『BRUNO DYAN』(BUCK-TICKの『悪の華』やLUNA SEAでよくセッションしたカメラマン)と東京駅の周辺でロケーションをすることにした。それも、夜中から次の太陽を迎える時間まで……。

ヨーロッパにルーツのある男『BRUNO DYAN』からしても、この『KRUSH』って音は……大発見!! だった。「ケン。コレ、イイヨ。イイヨ。イイッ!!」って言って、ずっとカセットテープ聞きっぱなしだった。ヒップホップのことって、あんま知らねーオレらも『KRUSH』って音は……大発見!!

その年、U．K．のMO'WAXレーベルから『DJ KRUSH』は12インチをリリースし……なおかつ、NMEチャートに名前を列ねる! 快挙でもあるし……まさに、U．K．の人々にとっても………この『KRUSH』って音は……大発見!! だった。

新しい音との出会いは、なによりもうれしいし……その誕生にかかわれたってことを誇りに思った。オレの1994年は海外でのレコーディングやら、それに伴った撮影やロケ、同行が多かった。『THE MAD CAPSULE MARKET'S』はアルバム『MIX-ISM』のレコーディングでLONDONへ。

このアルバムのART WORKのアイデアは、メンバーがスタジオで、なにげに見てた写真週刊誌の1ページからだった。そのキリヌキは、デモ行進をする人々が、その手に掲げるプラカードでいっぱいの写真だった。

ＬＯＮＤＯＮのスタジオに着いたらすぐに、スタジオのローディをつかまえて……。東京から持っていった習字の筆ぇい!! と墨汁ゥウ!!! をわたして。ダビング作業のないギターの『ISHIGAKI』と一緒に、書家をやっていただくローディーにああでもない、こうでもない……って言いながら、『MIX-ISM』のプラカードを作った。スタジオの入り口は『THE MAD CAPSULE MARKET'S』のプラカードだらけ!

で、日本で言うところの『狂薬売店』って、なんともふざけた謎! のプラカードを抱えて、ＬＯＮＤＯＮの街をカメラマンのＭ・ＨＡＳＵＩと2人で歩くことにした。子供たちや女学生に指さされて、笑われたり……（ほんとっ、狂薬売店って何ぃ?）KILBURNから地下鉄に乗り込み、満員電車のなかでジロジロ見られようが、ヤジられようが、知ったこっちゃ、ない。ぜったい!! ＡＲＴ ＷＯＲＫのアイデアをカタチにする!

「日本から来た。ジャパニーズ・ロックバンドのジャケット撮影してるから、このプラカード持ってください。おもしろいよー。お願いしますう」ほとんどＴＶのバラエティ番組で、よくあるお笑いの罰ゲームじゃないかって……。思えるくらいの。そんな、ロケ! イン! ロンドン!

最終的に使用したカットの人は、アイルランドなまりの……たぶん……ゴッキゲンな酔っぱらい。昼間っから、パブでビールをグビグビやっちゃってる……、ゴッキゲンな酔っぱらい！！！　オレがちょっと二日酔いだったせいもあって。ゴッキゲンな酔っぱらいとは、グッド・コミュニケーションがはかれた（らしい）。

メンバーとの撮影はレコーディングのタイミングもあって翌日の1日のみ。オレは小道具のプラカード持って地下鉄に乗り込み、みんなでレコーディング・オフも兼ねた自由な雰囲気の撮影をした。

スナップによる『THE MAD CAPSULE MARKET'S』初の海外レコーディング・アルバムのフォト・セッションを無事終えたか？　って…………時。ちょっとした珍！　事件があ…………。まさか、では……あるが……当時のマネージャー（男性）がＬＯＮＤＯＮの街で『迷子』!!　になってしまった！　ッッッって！　子供じゃないんだけど!?　……みんなで探した！　だけど…………いないっ！

マネージャーが迷子って！　どうしよう……！　「外国人にさらわれて……身ぐるみ剝がされちゃってたら、どうしよう……！」みんな心配するも、冷静に、冷静に、冷静に！

メンバーも含め全員でフラットに戻って、マネージャーの連絡を待とうって事になったが……一向に電話がかかってくる様子もない。みんな腹ペコだしぃー。「今夜はみんなで

MARQEE CLUBへLIVE！　でも行こうって言ってたから……深夜のMARQEE CLUBには来るんじゃねーの」ってことで……また、夜の街に向かって行く事にした。みんなでメシ喰ってMARQEEいったら……アーッ！　いたー！　アー良かっった！……やっぱ……会えた……！　身ぐるみも……剝がされてなかったが……海外で『迷子』!!を見かけたのは初めて！（みんなで大爆笑！）　良かった！　良かったッ！

結局、撮影帰りに、みんなで焼肉ッ!!　だあ！　って決めてただけに……ちょっくら……寂しかったが……まあ、マネージャーが無事で……もう！　なにより！！！

『中山美穂』
シングル『Sea Paradise －OLの反乱－』アルバム『Pure White』

ひょんなことから知人（元イベンターでプロダクションの代表）の結婚式に出席した。

『ARB』のRYO。KEITH。『THE STREET BEATS』のメンバーくらいっきゃ、知り合いがいなかったんだけど……あの、『横浜銀蠅』のJOHNNYさんを紹介された。JOHNNYさんっていえば、オレが高校生の頃……TBS「ザ・ベストテン」でも常連で。ソロシングル「ジェームス・ディーンのように」は友達がバンドでカヴァーしてた。とにかく、オレの世代じゃ超有名アーティストであるが……いつもサングラスかけてたから……紹介されて会ったけど、全然イメージとは違う人物だった。不良ってイメージはカケラもなく、いいアニキで……大人で。当たり前だけどシャーンとしてて。今は、レコード会社のディレクターをやってる、ってことだった。

その後、オレの事務所にJOHNNYさんが作品を観に来てくれた。そこで、仕事やってくれって依頼されたアーティストは、これまた意外や意外……、あのトップアイドルの『中山美穂』！　……へぇ～。……てか、ビックリ！　である。ジャンル違いすぎませんかって思ったけど……JOHNNYさんとの意外な出会い方、とかおもしろすぎたので……エ～イ！　ジャンルも超えちゃえイって……それで、『中山美穂』シングル『Sea Paradise－OLの反乱－』とアルバム『Pure White』ジャケットデザインをやった。カメラマンも、これまたオレが18歳くらいの頃、大阪ＰＡＲＣＯでロンドンでの写真で展覧会をやってて、当時、かなり触発されちゃった男！『ハービー・山口さん』！　ハービーさんも、これまた……意外や意外！　相当イメージしてた人物像とは、かけ離れてて、ホント、丸く大きく包んでくれる、あったかくて、やさしいカタマリ！　だった。

『中山美穂』とはレコーディングスタジオで会った。オレはアーティストのパブリックに見えている部分と、ウラで必死こいてガムシャラに頑張ってる部分のイメージ・ギャップには、もう、当たり前に慣れちゃってたから、「あのトップアイドルの『中山美穂』！」って出会い方ってより、随分ガッツ入れてボーカル入れをやる子だなぁーって。で、そのレコーディングの風景を観ているうちに……それまでの彼女にはないジャケットのアプローチって何かなぁー!? っっッッ！ そーだ。レコーディング真っ最中！の『中山美穂』も美しいんだし、そのひた向きさ加減も可愛いんだし……。「ハービー・山口さん。このスタジオ通ってドキュメントで！ ジャケットも撮影しませんか？」って方向になった。もちろんヘアメイクもスタイリストも彼女自身です。よくあるアイドルのニコパチ・グラビア写真なんて……、オレやり方、わかんねーし。アーティスト『中山美穂』その人間的な表情を、まず、ジャケットで表現すべきだと感じたんだわ。

で、夜の六本木。彼女もよく行く居酒屋の前での撮影カットがアルバム『Pure White』のカヴァーになった。JOHNNY さんも喜んでくれたし。ここでのスタッフの方々とも、ゆっくりではあるが、コミュニケーションがとれるようになった。表現方法はともかく、自分自身でジャンルを狭くしないで

……、ジャンルを超えて輝ける仕事をしようって、思えた。

その後、カレンダーのアートディレクションで、またハービー・山口さんとロケ地、香港に出向いた。ひさびさの香港！　であるが、なんとなくイメージは覚えてたから、現地コーディネーターにリクエストを出した。で、ロケハン。その翌日、彼女とヘアメイクもスタイリストの女性チームも合流してきた。驚いた！『中山美穂』は、それまでのトレードマークの、長い髪をバッサリ切って、あらわれた。

ともかく、レコーディングの緊張感からの解放かっ！　ってくらい思いきったイメチェンである。で、香港ではほんと少女のようにはしゃいでた。なかなかのグルメでもあり……いろいろなお店を案内してくれた。初めて食べるようなメニューも教えてくれた。遊園地では、イルカショーを観たり、いろんな乗り物でオオハシャギ！　別荘地では、香港の大金持ちの暮らしっぷりも観察できた。ほんと、タメになる。

撮影の合間に、美穂ちゃんからは、次のTOURのロゴやTシャツのアイデアも出てきた。Tour1994『Pure White』におけるアートディレクションも依頼されちゃった。美穂ちゃんからのアイデアも、これまでのアーティストたちとは、まったく（当たり前だけど）異なってて、また、やる気がメラメラ燃えてきたぁ!!　東京戻ったら、すぐ、パンフレットの撮影とTOUR GOODSの制作に取りかかった。すべて、彼女にとっても新鮮なものになったと思う。

当時、オレは一連の仕事を通じて、そこにアイドル『中山美穂』というより、歌手『中山美穂』というより、もっと強烈に『女優・中山美穂』を発想してた。

アイドルって、
ロックだ。
トレンディー俳優は、ロックだ。
舞台なんてロックそのもの。
ボクシングは、ガチでロックだ。

こいつを、砂漠に連れていってやろう。最初に担当したアイドルは、当時 ribbon というグループにいた永作博美だった。

なぜロックをデザインする自分にオファーがあるのかと思った。とにかく本人に会った。彼女と話しながら、すごい芯のある人だと感じた。サカグチケンは、彼女は将来、女優になる人だと強く確信する。

アイドルを、ぽつんと砂漠に立たせる。もうかわいいじゃだめだと直感すると、さっとやばいかっこいいへと軸足を変えてしまう。しかも孤高の存在として。そういう肌感覚でサカグチケンは、パッとディシジョンする。永作博美自身は、どう思っていたのか、周りはどう焦っていたのか。サカグチケンの手にかかるとアイドルはアイドルじゃなくなる。偶像から生身のひとりに人間に引き戻していく。

中山美穂の仕事は、横浜銀蝿のJOHNNYからの紹介だった。髪の毛バッサリ切って、アイドルじゃないよっていうジャケットをつくった。

ハービー・山口による撮影現場でも、仕上がったものを見ても、中山美穂は嬉々としていた。アイドル全盛の彼女の存在を、アイドルから引き剝がしていく。でもそれは、ロックの中山美穂ではなく、アイドルから逸脱していく彼女の存在そのものがロ、ッ、ク、の、よ、う、な、も、のになっていく。その後もサカグチケンに彼女の仕事のオファーはつづく。

三上博史もそのひとりになる。当時トレンディドラマで一世を風靡していた俳優を、サカグチケンは、またロックする。「白バックでかっこよく撮ればそれでいいじゃん」てなるけれどそんなのつまらない。許さない。カメラマンの久留幸子さんのドロドロとした世界観に連れていきたくてムズムズしてるのがサカグチケンだ。

役者としてではなく、ミュージシャンとして出すアルバムは、台本通りにやって済むってわけじゃない。三上自身の表現力で世間に問うものだとサカグチケンは言う。テレビのプライムタイムに見る役者ではない三上博史。おしゃれなラブストーリーを演じない表現者としてのドロドロとした情を粒立てていく。今まで経験したことのない自分の演出のされ方に、役者自身もノッていく。歓喜する。そうした気の流れのようなものをつくりあげるのがサカグチケンは上手い。

そんなサカグチケンの光線を浴びた俳優に、宇梶剛士がいる。宇梶自身が主宰する劇団の舞台美術やポスターなどをサカグチケンへとオファーする。そこで舞台にロックをまとわせていく。「宇梶はさ、スゲー族の出身だけど、ものすごくスジが通っていて、礼儀正しくて、やさしくてさ」サカグチケンの持つ、ロックな匂いを嗅ぎ分けるセンサーが、宇梶剛士の持つ強い表現者としての「何か」に触れていく。

ボクシングの大橋秀行との仕事は、サカグチケンの拳闘好きがトリガーとなって、ボクシングというメタファーが、もろにロックとつながっていくような仕事だ。

サカグチケンの気持ちのどこかが、大橋の世界チャンピオンまでのロードにまでつながって、ジムの立ち上げに至り、今では、大橋ジムは、すべての団体を統一するスーパーチャンピオン井上尚弥を世に送り出し、世界中の注目を集めるまでになった。

サカグチケンの持つシャーマン的な何かが、そういう世間のつまらない常識や固定概念をぶっ壊すというよりも、すっと消してしまう。退屈なバリアを取り除いていく。そういう意味でサカグチケンにデザインされた多くのそれは護符のような、御札のようなものにも見えてくる。

数々のアーティストたちの写真やイラスト、表現物が、ロックという祭壇に掲げられているかのように見えてくる。その前に集まってくるのが、ロッカーたちであり、アイドルであり、アクターであり、ボクサーだ。それはすべて表現者たちそのものだ。（佐倉康彦）

『LUNA SEA』
シングル『ROSIER』　シングル『TRUE BLUE』　アルバム『MOTHER』

『LUNA SEA』ベースのJと近所の呑み屋とか、プライベートで会う機会が増えた。Jはオフの間、LONDONに旅行してたみてぇーで、何か、こう、印象も『LUNA SEA』の仕事の現場で会う時以上に、強烈にPUNKの鼓動をビシビシ感じるようになった。で、新しい『LUNA SEA』のデモトラックスを何曲か聴かせてもらったら……この中で『ROSIER』って曲は、なんか、Jの遺書とも思えるギリギリの叫びを感じた。「絶対！　コレが今年の『LUNA SEA』から撃ち出す弾丸だぁ！　絶対！　シングル！」って言って。いよいよ、ヤツラが引き金を引く！　アートワークも綺麗、ビューティフルモード……なんて次元じゃない。ホンモノのROCK BANDなんだから！　いつものエネルギッシュなステージそのまま。撮影スタジオが戦場になる！　って、くらいの意気込

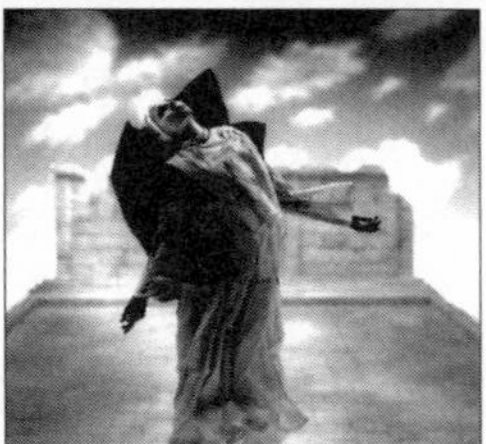

みで、シューティングした。『LUNA SEA』普段のLIVEそのまま。汗をダラダラ流してスチール・カメラに向かい、戦った。カメラマンM・HASUIも、普段とは違う。いつも彼が発する撮影中のファッションや空気感じゃない！　なんと、裸足でタオルを頭に巻いて、メンバーと一緒になって汗をかき、スタジオをカメラかかえて、走った！　撮った！！！

『ROSIER』のジャケットも頭の中には曲を聴かせてもらってた時に出てきた棺桶と、バラ。棺のイメージにピシャリ！　ハマるように、プラスチック・ケースを付けるといった、特殊仕様のパッケージ！！！　ファンには、プレゼントできることになったし。この時の5人のフォトセッションがあまりにも、素晴らしく、B1・POSTERの5枚セットもプレゼントできた！！！！　ほんと、レコードメーカーの皆さんに、オレと『LUNA SEA』5人のワガママを聞いてもらって、感謝の気持ちでいっぱいだった。おまけにジャケットでつくった棺桶は、その後の『LUNA SEA MUSEUM』で展示されるまで、オレの家のリビングでテーブルとして活躍していただいた（笑）。

『ROSIER』はオリコン初登場3位！（これは覚えてる！　ゼロからいっせーので、一緒に歩きはじめて、その世間の反響が広がってきて、メチャ！　うれしかったから……！）

続く『TRUE BLUE』からアルバム『MOTHER』で、日本を代表するROCK BAND＝『LUNA SEA』になる予感というか、確信！　をみんなで獲得した。アルバム『MOTHER』は5人のバンドサウンドをうまく表現できたアルバムだ。五人五様が持ち寄った30〜50曲近い楽曲のタマゴから、究極のROCK BAND＝『LUNA SEA』としての楽曲を産み落とす……そんな……力強い……想像力の世界の、絶妙なパワーゲームは、この『LUNA SEA』が初めてだったから……たいてい楽曲のコンポーザーって1人とか2人が当たり前だと、思ってたからね。プライベートでも、よく酒をかわすようになってから、ますます、『LUNA SEA』の世界観がオレに急激にせまって、アートワークもカメラマンの『BRUNO DYAN』と貪欲に、そのスタイル！　完成度をどんどんと高めていったのだ。

『KEEP the LOFT』

この年、オレが20代のそのほとんどを、そこ！　で過ごし、大切なアニキたちや同志を得たライブハウス新宿LOFTが、新宿の再開発で地上げにあって、西新宿で営業することが困難だって話が持ち上がった。で……当時の店長、小林シゲさんから、『アナーキー』のシゲルと『ARB』のKEITH、『G.D.FLICKERS』のJOEが呼ばれ、『KEEP the LOFT』

ってイベントやって、多くのオーディエンスの賛同と署名をもらおうってことになった。場所は日比谷の野音。新宿LOFTで育っていった数多くのROCK BANDに出演交渉をして、スケジュールが可能な限り出演してもらうべく、このプロジェクトはスタートした。ここで、カタログデザインの依頼はもちろん、知り合いへの参加の呼びかけを依頼された。

オレも声はかけてみるが、『BUCK-TICK』『THE STREET BEATS』etc. は、スケジュール上、難しく。『LUNA SEA』のJとSUGIZOはOKってことだった。そこで、この1日だけのセッション・バンドがいっぱい出来たのだが……特におもしろかったのは、『アナーキー』のシゲルをボーカルに、ギター『アナーキー』のマリ、ギター『THE BLUE HEARTS』のマーシー、ドラム『アナーキー』のコバン。で、ベースが『LUNA SEA』からJ。

なんとも、不思議なユニットの出来上がりだった。全員オレと知り合い、だけど……ちょっと、まさか！　このメンツで『アナーキー』の曲をやるとは……誰が想像するだろうかぁ。あまりにも、世代もファン層も、違いすぎてねぇかぁ！　って。でも、おもしろかった。マーシーも、Jも『アナーキー』のトレードマーク＝国鉄服を着て……発売禁止になった曲〝東京・イズ・バーニング〟をやった。『～何が日本の●●だ！　なんにもしねぇで、ふざけんなぁ！』って！　おもしろいくらいの怒り！　を日比谷野音のステージに叩き付けた！

打ち上げで西新宿の新宿ＬＯＦＴに戻って、またまた永遠に朝まで呑み会があったのだけど……いつも以上に幅広い世代の、ロックを愛し続けるアーティストたちの、熱い、深い交流が！　セッションが！　永遠に続いたのだ。……あー楽しかったし！　これで、ずぅーっと！　ここ!!　西新宿で!!　ライブハウス新宿ＬＯＦＴは、このままのイメージでやってけるイメージの夢を見てた。最年少だったＪも御機嫌な表情を浮かべていた。また、オレたち世代でも、これまでで史上最大のイベント！『L・S・B』をこの年にやった。『BUCK-TICK』＋『SOFT BALLET』＋『LUNA SEA』をメインにさまざまなバンドが参加して全国５カ所をゴーラウンド！　しちゃうイベント！

LUNA SEA、Jのために棺桶をつくる。
プラスティックの棺桶だ。
ギターで世の中渡っていきます。
無名のMIYAVIの言葉を信じて
LUNA SEAを渋公へ連れ出す。

サカグチケンは、デザインする前にミュージシャンのデモテープを聞きまくる。リハにも顔を出す。そこからデザインのイメージの尻尾を捕まえる。

LUNA SEAのJがちょっと鬱というかダウナー気味の頃につくった「ROSIER」とINORAN原曲の「MOTHER」という曲がある。その2曲がサカグチケンのところにJから持ち込まれた。後者の「MOTHER」は、バラードだ。とてもいい。沁みるいい曲だった。

しかしサカグチケンは「ROSIER」を選ぶ。これはJの遺書だ。そう直感する。キリスト教の家に生まれたJ。曲づくりの先導者でもある彼の遺書。

J自身も、前作「EDEN」制作中にスランプに陥り、今までのそんなくだらない自分の葬式を挙げるという意味だと語っている。

サカグチケンの網膜に棺桶のヴィジュアルが像を結ぶ。

その頃、音楽業界では、シングル盤をプラスティックケースに入れてリリースはしていなかった。それをサカグチケンはプラスティックケースに収めて売れと号令する。業界初の試み。あいつ自身が折衝してメーカーにケースをつくらせた。Jの魂のこもった音を半分に折るな。

何かにケリをつけさせる。「これ持って東京ドーム行けよ」サカグチケンのLUNA SEAのJへの葬送の言葉、その思いがかたちになる。縦長のプラスティックのJの棺桶が誕生する。

サカグチケンのデザインやクリエイティブにミュージシャンたちが引き寄せられるのはわかる。ただ、それだけなのか。サカグチケンという人間、ゴロッとした熱の塊のような存在に惹かれていくということもあるのではないか。

たとえば、HOTEIがかわいがっているMIYAVIという若いギタリストがいる。彼もサカグチケンの発している怪しく激しい光線にやられている。オーラとかそういうぼんやりしたものではなく、射抜くような強いなにかに惹かれた1人なのかもしれない。

MIYAVIは、まだブレイクする前のインディーズ時代、毎日ようにサカグチケンファクトリーを訪れていた若者のひとりでもあった。

LUNA SEAのメンバーを紹介してほしい。ギターで世の中を渡っていきたい。そう熱く語る若いギタリストを見て、サカグチケンは、LUNA SEAが演る渋公へと連れ出す。とにかくこいつはギターうまくなる。世界の舞台に立つ。そうまわりに喧伝しながらサカグチケンが顔を出すミュージシャンのパーティへも連れ回した。

MIYAVIの主催するパーティへ顔を出せば、そこにはHOTEIがいる。HOTEIはもちろんのこと、永ちゃんもMIYAVIをかわいがっている。HOTEIも矢沢も、ロックの世界では超ビッグネームだ。そのMIYAVIをかわいがってるいっぱしの大人たち、ミュージシャンたちに混じって、ミュージシャンではない、ロックをデザインする男がいる。

サカグチケンの強く激しい光線が、そうさせている。

（佐倉康彦）

MADと、映像にひたすら走った1994 to 1995

『THE MAD CAPSULE MARKET'S』アルバム『PARK』

『THE MAD CAPSULE MARKET'S』がリリースしたアルバム『PARK』のART WORKS。パッケージの外装は、まるで遠い国から来た郵便物のような、シンプルなものに仕上げて。逆にブックレットのインナーには……、コンポーザーのタケシやKYONO、ISHIGAKI、MOTOKATSUが楽曲を誕生させてきた背景には、それぞれの楽曲と一緒に「絵」がボンヤリでも出てきてたはずっ……！

だから、歌詞それぞれに対して、まるでシングル盤のART WORKSのように、1曲1曲ごとに掘り下げて……各コンポーザーと向かいあって……その「絵」を具現化する作業に打ち込んだ!! ……たとえれば1年くらいかけて、完成するアルバムの制作過程を……ART WORKSは1カ月で！

って、猛然とカタチにしていった。

オレなんかの中でも、難産だけど……健康というよりも、暴れん坊で！　とてつもない怪物君たちにピッタリのＡＲＴ ＷＯＲＫＳが生まれていった。彼らも、それまで以上に楽曲を「絵」として伝える難しさを、一緒に体現できたんじゃないかなー。入稿を終えた夜は、ほんとに、吐き出しちゃった安堵感からか24時間以上ぐっすりベッドの中に包まれた思い出が、今でも蘇る……、それほど、達成感のあった仕事だった。

その後、すぐさま１９９４年の暮れから１９９５年のアタマにかけて『THE MAD CAPSULE MARKET'S』のクリップ集をリリースすることになった。『HAB'IT』『LIMIT』『IN SURFACE NOISE』『パラサイト』『公園へあと少し』他の撮影、監督を、後先も考えず……、オレは手をあげた。初めて！！！　……5曲以上を一度に！　しかも3～4カ月で、完成にこぎ着けられるのか!?

みんなの不安も、もちろん感じたが……、アルバム『PARK』のＡＲＴ ＷＯＲＫＳで、あれだけ楽曲の持ち合わせる「絵」をメンバーと一緒になって生み出したのだから……自信もあった！！!!　クリップ監督の仕事にも、興味があったし、音楽チャンネルで見かけるクリップには、なんのおもしろ味も、感じてなくって……。確実に自信が、あった！

カメラマンも含めスタッフ決めからだ！

まずは、グラフィックの上で、スチールカメラマンから、MADのTOURにもずっと同行してる『MASA』。そして『BRUNO DYAN』。映像からは、オレがジャケットやった頭脳警察ライブの監督をしてた『安田潤二』。アナーキーの藤沼伸一＆BOØWYの氷室京介を主演にしたインディーズ・ムービーを監督した『諸沢利彦』。17歳で高校中退してアナーキーのインディーズ・ムービー「ノット・サティスファイド」を監督した『太田達也』。LUNA SEAのクリップ監督『大坪草次朗』。etc.……、カメラ・クルーもすべて、自分がリスペクトしてきたスタッフでかためた。……うぅ！　何か、武者震いのするスタッフィングだ。もちろん、レコード・メーカーの映像＋デザインセクションのMAD大好き人間も、参加してくれるぅ！

まずは、絵コンテをメンバー＆スタッフに提示する。

『THE MAD CAPSULE MARKET'S』のオールツアースタッフも積極的に参加してくれることに、なった。すべての楽曲とメンバーの画《え》は、進行中の全国TOURとリハーサルの合間、オフの時間を削って撮るコトにした。TOURに同行する『MASA』には、各曲で必要なカットイメージを伝え。他のスタッフには東京でのライブ・シューティングを細かく伝えて……さまざまな、アプローチで！　狙ってもらった。今まで観たことないクリップ集へ！　みんなで、向かおう！　って………‼

『公園へあと少し』のヴィジョンだけ、その楽曲が生まれたＬＯＮＤＯＮの曇り空の下・公園をめざして、オレと『BRUNO DYAN』で３泊４日の、強行日程でシューティングに向かった。せっかくＬＯＮＤＯＮ行くんだから、すべてのモデル、スタッフ、機材も８ミリＦＩＬＭも現地調達。特にＦＩＬＭはヨーロッパにしか流通してないもので撮影してドイツに現像出すことにした。モデルのセレクション、スタイリング、美術オーダーもＬＯＮＤＯＮに着いて、ＨＯＴＥＬチェックインする前に終え。機材をリースしたら、もうすぐ！　夕暮れの公園でスナップシーンの撮影だ。明後日の軸になるモデル・シューティングまで！　ひたすら、ＬＯＮＤＯＮ中の公園を歩き回った。何度か、ＬＯＮＤＯＮには来てるが……、こんな、一日中かけて……、広大で、のどかで、美しい自然の公園を歩き回ったことは、なかった。リードから離れても、飼い主のとなりをクルクルとハシャギ回るフレンチ・ブルって……、なんて、かわいいんだ！　って思ったし……、なによりも、そこを訪れてるすべてが、天国にいるみてぇに、キラキラしてた！！！

オレはその頃から、マンチェスター・ユナイティドのライアン・ギグスが大好きで……、マンチェのグラウンド・コートを着てたんだけど……、いろいろ、見ず知らずの人から話しかけられたりした。特に、オレと同じ歳くらいのやつから（みんな男ばっか、だけど、ね）。……特に宿泊してるホテルのベル・ボーイなんて、新聞まで広げて、何やら！　すっげースピードと勢いで、毎日喋りかけられて……、理解するのに、かなり時間がかかったゼ。モデル・シューティングも順調に進んだ！

何か、今までの旅行や、仕事で来た時とは、まるで印象も違って……、なんか……、サマータイムにゆっくりとＬＯＮＤＯＮに住みたくなった。

東京に戻ってすぐにオフライン編集室（仮編集室）で、オール撮影スタッフが集合して、すべてのカメラのラッシュ（試写）をした。どの画も監督ばかりが撮ったせいか、そのカメラワークとアングルに強烈な個性と！　チカラ強さ！　が溢れ出していた。みんな大満足だぁ！　……で。『太田達也』がオレに簡単なオフライン編集（仮編集）機の使い方、ワークテープのレクチャーをしてくれた。「じゃ！　ケン！　あとは存分に、このスタジオ泊まり込んでもイイから張り切ってドーゾッ！！！」ッてな、具合にオレ独りに、なっちゃった。「監督たちぃ〜寂しいよぅ!!」って言っても、始まらない。……オレが監督なんだから！！！「よしッ！　今日から映像編集にひたすらドップリつかってやるぅ！」って。その日から、納得できるまで、仮編集盤を続けた。ホント、飯を喰うのも忘れるくらいのイキオイ！　と、エネルギーだ。どんどん編集をしては、撮影スタッフに観に来てもらって、まずは、監督衆たちを唸らせようと、頑張った。（オフライン編集機をブッ壊しかけるような……、これまた無謀な編集やってみたり、VIDEO素材から逆回転とか、スクラッチして音素材を、つくったり）子供が、初めてもらったオモチャをいじくるイメージで、いつまでも、どこまでも遊んだ。遊んだ。HaHaHaHaHa――

『THE MAD CAPSULE MARKET'S』のメンバーも、ちょくちょく顔を出してくれて、仮編集するオレにアイデアと意見をくれた。恒例であるLIVE終了後の打ち上げもしないで、オフライン編集室で晩御飯を食べて、それから、仮編集に付き合ってくれたり……、編集していく過程で必要になったカットのためだけに、『MASA』の家まで楽器かかえて、来てくれたり……、とにかく彼らが、それまでのビデオクリップでは表現できなかった『THE MAD CAPSULE MARKET'S』の映像作品の制作に燃えてくれた。あー、これこそ、純粋で素直なビデオクリップの制作光景だ。監督衆たちも、なんか感じることがあったらしく、ホント仕事じゃなく、趣味や遊びに来る感覚で、楽曲が良くなるんならって、どんどん膨らんで、出てくる追加カット撮影を買って出てくれた。
　おかげで、大晦日も、その編集室で迎えた。『ＭＡＳＡ』と、『ＭＡＳＡ』の犬・マイカ。『諸沢利彦』監督と奥さんは、一升瓶とビール、お正月といえば！　雑煮をもってオフライン編集室まで来てくれた……!!　それくらい、のめり込むほど『THE MAD CAPSULE MARKET'S』のクリップ集の制作・編集の現場は、新しい表現方法を発見するドキュメンタリー番組を観てるみたいに!!　おもしろかったのだ!!（苦笑）
　ＭＡ作業をようやく終え、『THE MAD CAPSULE MARKET'S』初のクリップ集『ＶＩＤＥＯ』は完成した。すべてのクリップが、はっきりしたカラーとアプローチをしていて、それでもって……、ゆるやかに、つながって廻るイメージ。……なんとも文章にはできません。
　こんな、達成感の大きな仕事は、多分今まで味わったコトがなかった、そう素直に思えた。１９９４ to １９９５の年越しは、『ＶＩＤＥＯ』『ＶＩＤＥＯ』『ＶＩＤＥＯ』って、もうひとつのオレの可能性を見ることのできた素晴らしい時間だった。とにかく、よく動いた。震えた。たまに、映像の仕事ん時に……、この、オレの映像表現の原点！　を思い出してチカラにしてる。

つぎに来るやばい監督は、あのやばい目をした男。崔洋一監督はお前の目が怖かったと語った。

アナーキーのプロモーションビデオも関わっていたサカグチケンだからこそ、映像の世界でもロックな超ド級の監督と出会うことになる。あの崔洋一監督だ。

内田裕也主演の映画『十階のモスキート』に、アナーキーの仲野茂がチョイ役で出ていた。その現場には、サカグチケンもいた。サカグチケンと仲野茂とは一卵性双生児のような、見えない臍帯でつながっている。このふたりのどどめ色の運命の糸は、出会いから現在まで、永遠に続いている。それは、生とか死とか、そういった社会で決められた枠に収まることのない生き方そのものだ。死そのものも生き方なのかもしれない。

サカグチケンは、崔さんに次回作の話などを聞きまくったそうだ。そんなつながりのなかで、Vシネマとしてリリースされた崔洋一監督作品『襲撃　BURNING DOG』のパッケージデザインを手掛けることになる。サカグチケンと崔洋一。ニトログリセリンをシェイクするような出会い。化学反応が起きないわけがない。

あるときテレビに崔監督が出ていた。その中でインタビューを受ける崔さんが語った言葉にサカグチケンは思わず吹き出した。「つぎのオソロシイ映画監督は誰ですか？」というつまらない質問に、崔洋一監督はサカグチケンの名を口にした。

「あいつがつくるTHE MAD CAPSULE MARKET'Sのミュージックビデオは、私にまったく同じ曲を渡されたとしてもつくれない」つぎに来るやばい監督はサカグチケンだと断言した。

崔洋一監督は怖いことで有名だ。当然、サカグチケンも会ってみて怖い人だと思った。同時に崔監督もサカグチケンはやばいと直感していたようだ。

崔さんから「お前の目が怖かった」という言葉を投げかけられている。コワイヒトは、コワイヒトの匂いをすぐに察知する。

ロックをデザインするサカグチケンにしてみると、ジャケットのグラフィックとしてのデザインだけではなく、映像もロックとしてデザインしていくことが、ごく自然の流れだった。

その後、『THE MAD CAPSULE MARKET'S』のケツを持ちながら、ジャケットのデザインはもちろん、映像も含めてあらゆるプロモーションにサカグチケンは関わっていく。デモテープを聴いてるときに、映像が浮かんできたという。ぜったい監督やりてー！　となったらしい。オレ、できる！　という確信が、サカグチケンを突き動かしていく。助監督には、氷室京介と藤沼伸一が主演した幻の8ミリ映画『裸の24時間 ～The Lozy Blues』を撮った映像監督・諸沢利彦をつけた。あまりの過激さに封印された幻の映画の監督とともに、サカグチケンは、映像をさらに激しく転がしていく。

（佐倉康彦）

『アナーキー』ライブ1994

「オーイ、ケン！　最近なにやってるぅ？」って『アナーキー』のコンポーザーであり、ギタリストの伸ちゃんからのオファーで、ライブイベントに出演することにした。『THE BOAT PEOPLE』で「ストリッパーの一条さゆりユニット×舞士×へたくそ」のコラボレーションに競演・演奏中にライブペインティングをした。……ただただ、彼らの演奏と、一条さゆりさんの舞踏のステージ後方で、オレの頭ん中に舞い降りてくる、宇宙文字のようなものを、延々と筆を持つ手を武器に、自然に放出させていった。

同様に『アナーキー』のボーカル『仲野茂BAND』ライブでの舞台ペインティングも依頼され……、相変わらず、の、アドリブで、彼らの吐き出すROCKってヤツ！に……、オレなりの表現方法でぶつかっていった。

そんな頃。オレが16歳くらいの頃に出会い、ロック！　ってヤツを教えてくれた『アナーキー』が、なんと、オリジナル・メンバー5人＝仲野茂（Vo.）・藤沼伸一（G.）・逸見泰成（G.）・寺岡信芳（B.）・小林高夫（Ds.）で!!　再結成!!　LIVEが決定した!!　ある事件で、まさかの、新聞沙汰！　……その後、『アナーキー』の名前は封印！　され、『THE ROCK BAND』と改名した4人で、活動してたが、その後は、それぞれバラバラで活動していた……1994年、再結成で!! LIVEだ!! オレがこの仕事を選んだきっかけ！で、あり。スタートにもなったアニキたちが、ツ！ イ！ ニ！ 再結成!! する！のだ！

なんか、夢みたい……しかも……LIVE VIDEO+LIVE CDもリリースすることと、なった。もちろん、オレ。そして同世代のロッカーからは『G.D.FLICKERS』JOEが、スタッフの仕事に手を挙げた。もちろん、彼らの古くからの、スタッフも、えらい張り切りようだ！

1994年に入ってすぐ、『アナーキー』デビューからリリースしてきた全アルバムが、CD化されることになって……(なぜか……不思議だけど、レコード・メーカーには、そのジャケット9タイトルが、全部なくて！ オレが、持ってるアナログ盤から、複写してCDジャケットを作ったんだけど、ね)。

「その再CDリリースの記念的、打ち上げ花火的ライブじゃ、ねーの」……なんて業界人のカゲ口も、耳にしたが、『アナーキー』のアニキたちが、そんな、クソみてぇーな、ことしねぇーよ。って、オレは思ってたけど。

シゲルは、「1st.アルバムに入ってた『東京 イズ バーニング』は、再発盤CDから、カットされるわ!! 『タレント ロボット』にいたっては……、レコード・メーカーにマスター・テープすら……ないっ! てんだって……!! フザケルナァーー!!」って怒ってた。確かに……、デビューしてから、15年もたったけどさぁー……、なんで、音源! なくなってんだよぅ!!!

『タレント ロボット』は芸能界自体を、相当、皮肉った歌だったからなぁーって!! レコード会社も……、なんか……、理由でも、あんだろうって思ってたら……!! シゲルは……、「メンバーみんなに意見聞いて、カットされたんなら、されたで、『アナーキー』なりのケリをつけなきゃ! よし! もう一度、再結成!! LIVEやって! インディーズで『東京 イズ バーニング』も『タレント ロボット』もリリースしてやるぅ!! フザケルナァーー!!」……これでこそ! 『アナーキー』である!

会場はもちろん、古巣の新宿LOFTと。渋谷ON AIRの2DAYS! なんと、新宿LOFTのオープニング・アクトは『アナーキー』のメンバーとも交流の深い『泉谷しげる』さんに、決定! 映像スタッフも、『アナーキー』のメンバーの友人たちだ。『安田潤二』。『諸沢利彦』。17歳で高校中退してアナーキーのインディーズ・ムービー「ノット・サティスファイド」を監督した『太田達也』。サウンド・エンジニアも当時の『山口州治』。

………ウウウぅゥ!!　燃えるぜ！

リハーサルがスタートする。『G.D.FLICKERS』JOE はメンバーのスタイリングから、トレードマークの腕章作りから、会場でファンに売るグッズを作りはじめた。オレはチラシのデザインから、LIVE VIDEO＋LIVE CDのジャケット作りに取りかかる……、古くからのシゲルたちの友達で、カメラマンのオヤジさんから……、過去の『アナーキー』のアーティスト写真を借りた。……これが……また……！　オレの若い頃がリアルに、よみがえってきて……、何とも、感慨深い……。それから……、シゲルから国鉄服を借りて……、モデルの女の子に着せてみた。ジャケットも、せっかくインディーズで出すんだからって、またまた、オレのいたずら心が！　騒ぎ出す！「発売禁止になるくらいのジャケット作ろう！」ッて、印刷屋さんも困っちゃうような……、ジャケットを入稿した。……この写真は、ちょっとした、ギャグ！　だけど、ね。

で。シゲルからは、「オーイ、サカグチ『タレント ロボット』やってるライブ・テープってねーか!?　15年振りで、やるから、さー！　みんな、覚えてねーんだぁ」

「あるっ！　実は昔に大阪のライブハウスで、ダマテンで録音したやつ！　あるよー」って。ＨａＨａＨａＨａＨａＨａ——なんたって……、オレは高校1年から、ずーっと

『アナーキー』の親衛隊！　だァー!!　って、LIVE通ってたから……！　HaHaHaHaHaHa──

オレのアップルギター・HSアンダーソン・カスタム・ヒューストンを、『アナーキー』のギター・マリ（逸見泰成）に、どうしても!!　ッて思って……、BUCK-TICKの横浜アリーナLIVE『Climax Together』で貸してたIMAIから戻してもらって、『アナーキー』のLIVEでマリに使用してもらうことにした。

リハーサルには、ほぼ毎日通っては、古巣の新宿LOFTで再結成！　する『アナーキー』のアニキたちと呑んだ。いつもより、深く喋った。一瞬に過ぎ去る時代の早さに、ただただ……、驚いた。リハーサルでみる『アナーキー』の5人は、19歳でデビューして……、オレも確かに大人には、なっているもんの、『アナーキー』の楽曲をやるスタジオや、新宿LOFTの……、空気感は……、なにも、変わんない。って、言うか。タイム・マシーンにお願いを叶えてもらったような……、錯覚……、いや……、情熱が、確かに産んだ、現実なのだ。

そんくらい、何にも、変わっちゃいない『アナーキー』。周りに、ぜってー、振り回されないで、やりたいこと、の道を、ただまっすぐに歩いてる。ずぅーっと、永遠に!!　これこそ、が、本物のバンド・マジックなのだ!!

オレが若くて、おバカな! イチ・ファン!! だった頃。ステージやメンバーの演奏のジャマになるってことも考えず……、「親衛隊! だァー」って、ステージ前に集中して……、いや……、そればかりか……、ライブ・スタッフの制止も、振り切って『アナーキー』のステージ上に駆け上っては、コーラス・マイクで叫んだり、踊り狂ってた……、(アナーキー……、ホントにバカなお客だわ……、ト、ホホッ……、はずかしい…………)。今度は、オレも本物のスタッフのひとりだ!!! 『アナーキー』のステージやメンバーの演奏のジャマなんかしたら、オレたちが、チカラずくでも! 引きずり降ろしてくれるわー!!! って、ことで……、JOEとオレはステージの上手・下手に陣取り……、ライブ・スタッフのお手伝いを買って出た。

『東京 イズ バーニング』からスタートして、25曲くらい……、時代を一気にフルスピードで駆け抜ける『アナーキー』15年振りのライブステージは……、オーディエンスも置いていく勢いだった。懐かしんでるヒマすらない……、ただ、コブシを挙げて、汗だくになり、『アナーキー』の5人と一体になろうと……、叫んで、跳ね続けていた。

シゲルは、珍しく、クールに何のMCも入れず……! さらに図太くなった声で! どっしりしたポジションでマイクロフォンに向かってる。伸ちゃんはさまざまなサウンドの冒険から帰ってきて格段に磨きあげたギターサウンド！　だ。テラオカもコバンも、『THE ROCK BAND』でも見れなかった迫真のプレイだし……、マリ（逸見泰成）なんて、あの頃からワープしてきたようにアジテートしてくれる。確実に『アナーキー』が１９９４年に、いるっ！　のだっ！！！

これが！　『アナーキー』だっ！　ってくらいで……。５人は、もしかしたら……、ステージ上で……、もっとも激しい戦闘をしてるが、ごとく……、ウン戦場！　だ！　ここは。もう……、止まれない。近年オレが観た、どのライブとも、比べられない……、ほんとうに！　明日のないステージなのだ!!

アンコールのデビュー・シングル『ノット サティスファイド』でオーディエンスをなぎ倒し!!　続く『ジョニー・B・グッド』で叩き起こした！　そして……、一転したフィナーレには『アナーキー』としての最後のアルバムになってたアルバム『BEAT UP GENERATION』から、そのラストをかざってたスロー・ナンバー『今昔物語』で、その幕を、降ろした。圧倒されながらも、そこに生きたオーディエンスは……、ただ、ただ……、アンコールを繰り返し……、立ちつくした。

『アナーキー』が……、このまま……、また、活動していければ……、なんて思ったりもしたが……、これればかりは、誰もわかり得ない。……『アナーキー』の5人しか。わからない………。

今昔物語

ひだまりの中で　こうしてると
ふと昔のことを　思い出すんだ
悪かねぇ　けして　悪かねぇ

今も昔も　今も昔も　今も昔も　今も昔も
頭の中が　走馬灯のように
ぐるぐる回って　消えていく
夢を　見てるのさ　すべては幻

今も昔も　今も昔も　今も昔も　今も昔も
ここで　腕組みしながら
オレたちゃ　こうして　ここにいる
今も昔も　今も昔も　今も昔も　今も昔も
ここで　どうせオレたちゃ
行き場のねぇ　ゴロツキども

で　どうなってんだ　世の中
十年前も　二十年前も
何も変わりゃしてねえじゃねえか
今も昔も　今も昔も　今も昔も　今も昔も

（作詞／仲野茂）

Somewhere/Nowhere 1995

『BUCK-TICK』
シングル『唄』『鼓動』
アルバム『Six/Nine』

1995年のはじめから、『BUCK-TICK』は怒濤のレコーディングに突入！　してた。

コンポーザーのＩＭＡＩ　ＨＩＳＡＳＨＩの曲作りで、カンヅメになっちゃうスタジオが、オレの自宅の近所になったってことで、夜な夜な。

オレん家と、ＩＭＡＩスタジオの、歩いたら……、そう、ちょうど真ん中くらいに、通いやすい居酒屋があって……、そこで、2人で呑む機会が、また、また、増えた。

あと、オレが仕事で、夜中（ＡＭ3：00とか、ＡＭ4：00くらい）に終わって家帰って……、まっすぐベ

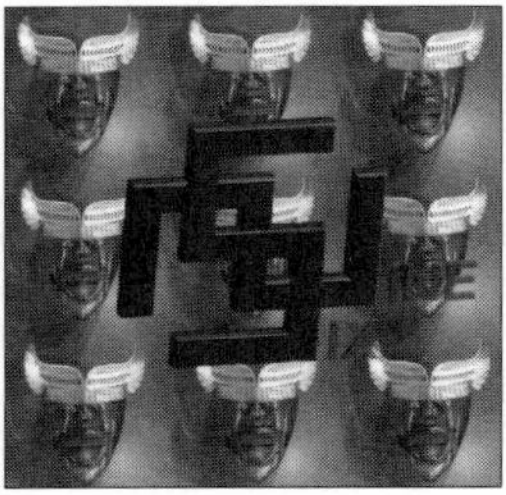

ッドに入ればいいのに……、新曲を、すぐにでも聞きたい！　って欲求なのか……、ＩＭＡＩスタジオまで、呑みに行ってた。ホント……、毎度、毎度。ＩＭＡＩが、新曲聞かせてくれながら……、「本日の曲作り！　お疲れさまー！　ジャケットどうしようか！」なんて……、朝日が、昇る頃まで呑んで……、そのまま、仕事行ったりもした。オレ、モノ作りの話してたら……、眠くなんないから……、というワケでもないが、つくづくタフだったと思うなー。その頃は、もう、できたてホヤホヤ！　の新曲を……、すぐさま聞いてた気がする。

で、第1段シングル『唄』が発売になった。このビデオクリップもビデオ監督の林さんからは、もっと別の絵コンテがあがってたと思うが………。なんか、これもＩＭＡＩスタジオで呑んでて……、なんか、ゲッ！　っていうくらいおもしろくて、今まで『BUCK-TICK』がアプローチしたことのないアイデアがないか！　って、話してて……。多分、ＩＭＡＩの発案！　で。とにかく、スタイリングをメンバー全員が……、なめきってる！　誰が、なにをやってるかって……？　それは、皆さんの想像力に、おまかせいたします。撮影現場もこれまでにない、笑いに包まれたものになった。

5月にアルバム・リリースが決定してたんだけど……、今度のアルバムは、ほんと難産！

だったんじゃないかなー。まだ、まだ作り続けるのーってくらい……、自信満々!!　で、湯水のように、どんどんと、新曲は生まれてきた。そんな風に、今までのアルバム制作では考えられないくらいの創造パワーが溢れていた。おまけで、アニイとユータが入ってるリズム隊のスタジオ。ATSUSHIが入る歌入れ用のスタジオ。ギター&MIXのスタジオ。3カ所くらいを、日夜フル稼動させて、ほんと、怒濤！　驚愕！　のレコーディングだぁ！　そんな中、ある日オレがIMAIスタジオに夜中行ったら、ATSUSHIから1枚のFAXが届いてた。「IMAI～次……、曲まだかぁ～」なんて……。で、オレ「行き詰まってんじゃ、ない～ィ！　そうだ！　レコーディング行き詰まる前に、ちょいと、オレたちで呑んで……、気晴らし！　しようぜ！」なんて、「悪魔のパス」を発行しちゃった！……そのまま……、「例の西麻布レッド・シューズで30分後！」なんて、3人……、あと、ドラム・テクニシャンのAZAMIくんの、4人……、いや。スタイリストの八木さんも居たようなー。で、AM2：00から、ひさびさにみんなで会って、呑んで……、それまで、溜まってたもんを一気に吐き出すかのように、呑んだ！　弾けた！　で、何軒かハシゴしたうえで、そのままATSUSHIの家まで、突撃したのだった。翌日の昼過ぎまで、永遠と呑んでたら！　なぜか……、オレの事務所からATSUSHIん家に電話が！

って何ィ!? って。ほんと、何だろう？ 「レコード・メーカーの人が、みんなと連絡取れないって困ってます」との、こと。……そのまま、IMAIと一緒に夕方の蕎麦屋で、いつもどおりシメ（?）の蕎麦!＋ビールってやってから、今度はオレん家でまた呑んでたら、HIDEHIKOから、ギターダビングのスタジオからIMAIを探して、電話だぁ!「向こう側で、うまくやってたオレたちの快楽」を……、もしかしたら……、テレパシーで見事にキャッチ! したんだろうかっ!!! って、思ってたら、レコーディングでのギター・ダビングの相談だった。とにかく、怒濤! 驚愕! のレコーディング途中の! ひとときの快楽の時間は、覚えてる。その時間がSomewhere Nowhere! になったかどうか! は誰も知らない。

アルバム・タイトルから、そのジャケットのタイポグラフィックの基本ラインは、そうやってIMAIとの度重なる、御近所さんセッション! から生まれた。（いつものことだが、当初は別のタイトル案もあったが）……、『Six/Nine』はこのアルバム以外の、言葉や名称としては通用しない!……、それくらい、この音を刻んだ銀盤には、しっくりきた!!!! また、このアルバム『Six/Nine』では、『惡の華』以来だが、ビデオ監督の林さんが全曲ビデオクリップを制作して、フィルム・ギグ「新作完全再生劇場版」にして全国七ヵ所を廻ることになっていた。もちろん、これも、怒濤！　驚愕！　の撮影＋編集だった。全16曲をたった2日間でシューティングした。ここでの例の『Love Letter』のビデオクリップ！　これは、仕上がりもおもしろいが……、撮影風景！　これは、もっと、おもしろかった。

そうして、アーティスト写真も、オレが初めてトライした3Dのイラストレーションでアプローチした CDジャケットも完成した。ジャケットのモチーフになったのは、オレが大好きなNEW YORKのアーティスト『ROBERT LONGO』。画家？　ではあるが、のちに北野武も出演することとなった映画『JM』の監督も、やった人。彼は、あちらの雑誌で、「日本のROCK BANDのジャケットとコラボレートできたっ！　とても、ナイス！　なアルバムだっ！」って、語ってくれ……、サンクス！　NEW YORKにいっぱいCDを送ってくれっ！　て、言ってきた。彼のラフ・スケッチを3Dイラストレーションに展開しただけなんだけど……、なんか、スッゲーうれしかった。巨匠と言えど、オレと同じアーティストだっ！　ってまた、また、元気になった。

で、やっと、5月にアルバム『Six/Nine』が発売された（オリコン初登場第1位）。それと、同時にすぐに「Somewhere Nowhere 1995」TOURが全国に向かって発進した。毎回では、あるが、オレの地元・高松には、繰り出して……、オレが高校時代によく通ったCLUBとか、高校の同級生が経営するBARで、まるで兄弟みてぇーに朝まで呑んだ。で、実家に戻っても……、ただ、二日酔いで寝てるだけ！ の里帰りでした。（苦笑！）いよ、いよ、『BUCK-TICK』はモンスター・アルバムを抱えて、新しい世界、と言うより、宇宙!! に出かけようとしている。間髪を入れずで、第2弾シングル『鼓動』も発売された。

『DJ KRUSH』アルバム『MEISO』

レコード会社も移籍して、アルバム『MEISO』で、NEW YORKレコーディング生活を送ることとなった。当然、オレもどーしてもNEW YORKに行きたくって……。カメラマンの『MASA』と、映像監督の『諸沢利彦』3人で、NEW YORKレコーディングを通じての、ドキュメンタリー的アプローチをしようと計画した。『DJ KRUSH』を追いかけ、NEW YORKに向かった。ひさびさ、のNEW YORKで、今度は仕事！ ちょっぴ

りっつうか！　スッゲー楽しみなのだ。なんたって、『DJ KRUSH』の、そのレコーディング場面を、この眼で直接見れるし、どうやってレコーディングが進むのか！　しかも、東海岸のNEW YORKで！

今回は、オレがCDを持ってた東海岸のラッパーたち『The Roots』『C.L.Smooth』『Gang Starr』……etc.　そして、『DJ Shadow』ともコラボレートしちゃうのだ！　HOTELはミッドタウンのアーティストがよく滞在するHOTELになってた。『DJ KRUSH』もプロデューサーの『浅野典子』も同じHOTELだった。そこから、イースト・ヴィレッジのレコーディング・スタジオに毎日通っては、レコーディング作業の合間をぬってアーティスト写真を撮影したり、ドキュメントを追いかけた。

レコーディング・スタジオは、こぢんまりした落ち着ける雰囲気だった。時間を持て余し気味のオレたち3人は、TVゲーム（ストリート・ファイターが1台）か、ピンポンが、暇つぶしの相手だった。あっ！　あと、CD屋とか、本屋、服屋もまわりにたくさんあったから、ガンガン買いあさったり……。（NEW YORKなんたって、安いッ！　そん頃、円高！だった！）まあぁ……、自由行動がたくさんあった仕事だ。スタジオには、『The Roots』『C.L.Smooth』『Gang Starr』『DJ Shadow』たちが、続々とやってきては、『DJ KRUSH』

と真剣勝負！　のコラボレートが進んでいった。ラッパーたちは、もうインスピレーションのカタマリ！　だ。当日やってきては、レコーディング卓の前に座って、『DJ KRUSH』のビートに素直にスピリットとカラダをまかせ、ゆだねた。そして、宇宙から降ってくる言葉の数々を組み立てて、偶発的に！　アプローチして、レコーディングしていった。レコーディングって、本来！　コレなんだぁ！　って、自然なヒップ・ホップのコラボレートをそこに、見た。また、特にオレは『DJ Shadow』VS『DJ KRUSH』のコラボレートが、もう忘れられなくって……、『DUALITY』ってトラックなんだけど……、まさか、DJ VS DJなんて、あり得ないって思ってたからね。お互いのビートが、2トラック！　で、それを交換した上で……、その上にそれぞれが上ものを重ねて、最後に1トラックに合体させるって、いう……、なんか、2人のライブ！　そのもの！　の現場で、楽しかった。……でかくて、ピザが何より大好きで！　バイナル・ショップでは、もう、1日中ずぅーっと過ごせる！　……そんな『DJ Shadow』が、まだ22歳!!　って知った時は、さすがに！　やられたぁ！　革命的な男だなぁ！　って……感心した。

また、オレはヒップ・ホップ文化に見られるタギング！　って、いわゆるラクガキって、前から興味あったのね。ほら、地下鉄の車両の全部カンバスにして、自由にアート表現してたり……、文字をグシャグシャ！　に表現してみたり……。　で、オレはスケッチ・ブック買って来て『DJ KRUSH』とコラボレートするアーティストたち全員に、東洋の「漢字」！　ってヤツを、タギングしてくれぇっ！！！　って、お願いした。「漢字」って、どう思うんだろうって……。『迷走』って字を、彼らは『DJ KRUSH』とコラボレートしたそれぞれの思いで、書きなぐってくれた。……ヨッシャー！　デザイン！　頭の中で広がって、固まった。東洋の「漢字」で行こう！　アルバム『MEISO』のジャケットは、東洋の墨絵のようなイメージと東海岸のヒップ・ホップのコラボレートにしよう！　って。

イースト・ヴィレッジのレコーディング・スタジオと、ミッドタウンのHOTELを行ったり来たりの毎日だったけど、『DJ KRUSH』も毎晩ビール瓶を抱えて……、部屋呑みしてるオレたち3人を訪ねてやって来た。スタジオで見られる『DJ KRUSH』とは、まったく違った1人の男！　が、気さくに、いろいろと喋ってくれたり、笑わせてくれたりした。日本から持っていった『BUCK-TICK』の出来たての新しいアルバム『Six/Nine』も聞かしたりして……。オレの仕事の話をしてみたり……。バカ話ばっかり！　だけど……、なんかオレたち、クソガキども！　が修学旅行の夜を過ごしてるかのようだった。なんか、あらゆるクリエイターって子供ん頃のままだなぁ〜。

そんな、ＮＥＷ ＹＯＲＫレコーディング生活の中。物凄くＤＯＰＥで、重量感のある新しいアルバムが、ここに生まれた。これは、初めての極東と、東海岸の合体作品！ では、ないかぁ！

『dj honda』
1st アルバム『dj honda』
1st シングル『OUT FOR THE CASH』

東京に戻ってすぐに、今度はＮＥＷ ＹＯＲＫでターン・テーブルを職業にしている、もう１人の男と出会った。

『dj honda』。その男は、ＮＥＷ ＹＯＲＫで開かれてるDJ BATTLE FOR WORLD SUPREMACYっていうＤＪバトルの世界選手権で、日本人としては、初めてエントリーを許可されて、大会を制したヤツだった。アメリカに移住して、そのまま、各地のクラブでプレイしているって、ことだった。当時、ＮＥＷ ＹＯＲＫとＴＯＫＹＯを行ったり来たりだったカメラマンの有賀さんが、ＮＥＷ ＹＯＲＫで撮った彼のポートレイトを持って、レコード・メーカーの人とオレの事務所に遊びに来てくれた。 いよいよデビューする 1st アルバム『dj honda』と、1st シングル『OUT FOR THE CASH』のジャケットデザインを依頼されたが……、オレは『dj honda』本人と、会いたいって言って。オレの家の近所の焼き鳥屋で、一緒に呑んだ。デカイ男！　って第一印象！で、コイツもまた、また、眼光鋭く！　日本刀を持たしたら、サムライだなぁ！　って思って。で、呑んだんだけど、まだ、まだ、喋りたりなくて、そのままオレん家まで流れて、お互いの、これまでのキャリアを喋りあって、オレが手掛けたジャケットや、プロモクリップも見てもらった。

で、覚えてるのが……、『dj honda』はホント最初はＲＯＣＫ ＢＡＮＤでデビューするのが夢で……、なんか、喰うためにバイトで新宿のクラブでオールナイトでＤＪして、オサラ廻していくうちに……、ＤＪが天職なんでは、ないかぁ！　って眼が覚めた！　って話。どおりで、オレが手掛けるグラフィックのコラボレーションの大半がＲＯＣＫ！　ってのに、退屈しねぇーで、興味津々！　で聞いてくるなぁーって。で、わかったことが、ひとつ！　音楽って、マスコミの大多数が勝手な意見で先生みたいに、クラス分類してるけど……、それ！　ぜったいイケテナイ！　ことだって！「オマエ。何系？」なんてことという人は、無

視！　無視！　無視！　無視！　しちゃいましょう。

本人は、その後、野球選手のイチローがかぶって超！　有名！　になった、あの『h』ロゴの原形を、持って来た。それが、なんか、キレ味鋭い！　日本刀!!　にも見えて来て……、とにかく、このロゴで全米デビューするべきだぁ！　って思って、DefJam のコンピレーション盤やPUBLIC ENEMYのベスト盤みたいに、今までやったことないけど、『h』ロゴ！　のみ一発！　とにかく、ムダのない！『h』ロゴ！　のみ一発！　だぁ！　って！　シンプルなジャケットで、決めてみた。

野球選手のイチローが『dj honda』のファンになったらしく、プライベートで『h』ロゴのベースボール・キャップをかぶってて……、オレとしては「イチローって、『dj honda』好きなんだぁー！」ってくらいだったが……、なんと、そのおかげで……、とても『dj honda』知らなそうな、オヤジやコドモが『h』ロゴのベースボール・キャップをかぶってて……、なんだか、笑えた。

『中山美穂』
シングル『Hurt to Heart〜痛みの行方〜』＋アルバム『Mid Blue』
１９９６版カレンダーのアートディレクション

１９９５年の夏、ＬＯＮＤＯＮのアーティストとともに『JAPAN EXCHAGE 1995 NO MORE HIROSHIMAS』に3点のポスターを出品することとなり、オレがこれまで、広島出身の『THE STREET BEATS』や『アナーキー』『THE BLUE HEARTS』をモチーフに制作したＰＥＡＣＥ ＰＯＳＴＥＲが、日本代表で選出され……、ＬＯＮＤＯＮの各所のイベントや、美術館を巡回した。で……、今年は前半戦かなりの勢いで忙しかったから、欧米並みにウチの事務所も1カ月間の長期休暇だぁ！　って。思いきってオフにして、事務所のみんなで、夏のＬＯＮＤＯＮに住んじゃおうッ！！！！　ってことにした。で、19歳の頃、初めて滞在したＬＯＮＤＯＮ市内エッジウェアロードにフラットを借りた。

★
★
★

が、そこに、『中山美穂』のアルバム『Mid Blue』ジャケットデザイン＋Tour 1995『f』＋カレンダーにおけるグラフィックワークで、またL．A．に来て仕事！ してくださーい。って、オーダーが来た。事務所のみんなは、それぞれで、スケジュールを見つめて、入りの日程はバラバラに組んで……、LONDONに向かうこととして……、オレは、とにかく急いでL．A．に向かった！ あとから、フラッと行くからって、言って。

カメラマンは、オレが当時大好きだった映画『カリフォルニア』（まだ、売れる前のブラッド・ピットとジュリエット・ルイスが出てた映画）で、ポスターのスチールを撮ってた『フィリップ・ディクソン』に『Mid Blue』ジャケットを。

NEW YORK在住の『マーク東野』には、Tour 1995『f』＋カレンダーの撮影を。って具合だ。ブックを見て即2人のカメラマンにオファーした。L．A．に着いたら、アロハ・シャツ着て、もうすっかり西海岸の人になっちゃってるディレクターのJOHNNYさんが、お似合いのアメ車で迎えに来てくれた。そして、また、ウエスト・ハリウッドのHOTELだ。

さっそく、レコーディング中の美穂ちゃんに「オイッ〜ス！ 元気ぃ〜！」なんて挨拶して、みんなで食事したら、夜はオレ1人でL．A．の夜に！ 挨拶がわりに、LIVE

HOUSEへGOだ！『BAD BRAINS』ウイスキー・ア・ゴー・ゴーで見て、その後すぐ、向かいのクラブへ！　で、仲良くなったヤツを引き連れ、オレの部屋で、また呑んだ。気がついたら、オレったら、そのまま寝ちゃってたみたいで、あのモヒカン野郎！どこ行ったぁ！　って！「サンキュ！　テイク・ケアー！　ケン」ってメモが残ってた。

で、翌日。まずは、「Tour 1995『f』の仕事。早速オレのイメージを美穂ちゃんを含めたオール・スタッフに伝えるミーティングをした。今回は、別部隊でプロモクリップも撮影することになっていて、「Tour 1995『f』のスチールは、その映像と並行するかたちで、アメリカのロード・ムービーのように、まるで美穂ちゃんが、一人旅でもしてるがごとく……、撮影大部隊がL．A．近郊をグルグルと廻った、廻った、廻った。オレも『マーク東野』さんが持ってきた16ミリFILM（これも、L．A．っつうか、アメリカでしか流通・現像してないもの）を借りて、グラフィック用にガンガン撮りまくった。

早朝から日暮れまで、普段なら撮影して疲れてるってのに、撮影現場は空気も良く、みんな大満足だったから、オレったら、まだまだ！　元気！　元気！　その日も『WHITE ZOMBIE』のライブが楽しみで！　楽しみで！　サンタモニカのシビック・センターまで車飛ばして、見に行った。この日のヤツラのライブは最高！　で。巨大なスクリーンには、なぜだか、『デビルマン』のアニメ映像やら、ながれてたり、首吊りにみえる人形が天井から、降ってきたりで……。あと、入場の時にみんな警備員に没収されて捨てられてたハズ！　のライターの火！　が客席いっぱいに着けられてたり……、オーディエンスのパワー！　これがまた、凄まじい…………！

アルバム『ASTRO－CREEP: 2000』は、その当時のオレのお気に入りの一枚だったから……、とにかく！　感動した！　オレもフロントまで行ってダイブしたりして、オオハシャギ！　だったのだ。（その何年か後に、まさか『zilch』のメンバーとなって、BASSの『SEAN』が来日して、これまた、一緒に仕事したり、ジャケット作るようになるなんて……、思いもしなかったけど……！）

『マーク東野』さんとも、一緒にタワーレコード行ったりして……、ほかにNEW YORKでどんな撮影してますかぁーなんて聞いたら、こりゃまたビックリ！　オレの大好きな『THE JESUS AND MARY CHAIN』やら、ハノイ・ロックスのマイケル・モンローがNEW YORKで組んでたバンド『DEMOLITION23』……、なんだってぇ！　オレがブックを見てイメージしたのは、ファッション・カメラマン『マーク東野』。だから、ここにも、落とし穴！　あり。なのだ！　……クリエイティブの世界も、クラス分類してるけど……

それ！　ぜったいイケテナイ！　ことだって！「オマエ。何系?」なんてこと！　言っては、いけないのだ。

その翌日は、カレンダーの撮影だ。が、これぱっかりは、すべての季節をL．A．の空気で表現しちゃ、いけない。で、これまた、初めて、L．A．でスタジオ・シューティングした。大きく7ポーズのスタイリング＋ヘアメイクで！　できる限りシンプルなポートレイトを撮影した。また、この場を借りて……、創刊からずぅーっと、ロゴのデザインと表紙のアート・ディレクションを続けている本の情報雑誌『ダ・ヴィンチ』の撮影も、一緒にしちゃった。……あーあと、そこのスタジオのアンちゃんは、すげーROCK好きらしく、話が盛り上がり、オレがスタジオで聞いてた日本のBANDにも、興味を示した。……で、帰りに、ココにあるCDなんでもあげるよッ！　って、レコード・メーカーからもらったらしきCDのサンプラーの山を、指した！　なんか、いっぱいもらった。『Aphex Twin』とか、アメリカで売れそうにもないもん、ばっかり……。

その仕事終わって、アルバム『Mid Blue』のレコーディングに突入するらしく、2週間くらい時間を置いてから、またL．A．で、みんなで再会しましょう！　ってことで、オレは1人、L．A．→LONDONへ移動した。なにしろ、アメリカ大陸上空をフライトして大西洋を越える……、初めてのコースでのＬＯＮＤＯＮ行きだ！　おまけにチェック・インの時に、カウンターのお姉ちゃんに、「キャナ！　アップ・グレイド！　ミー！」なんて、冗談じゃなく本気でやってるもんだから……、チョー！　ラッキ！　ってなもんで、空席があったらしく……、通常料金でファースト・クラスに乗れちゃった。でぇー！　搭乗口で、航空会社の職員のヤロウから、オレの「全身、ボロボロに破けたジーンズって、カッコイイナァー」ってウラ笑い！　されてしまった。とうぜん、ファースト・クラスはスーツ姿のジェントルマンばかり、であるが、まあ！　気にしない！　気にしない！　……シート・ベルトする前から、ワインがいただけるわ！　本格的なイタリア料理は味わえるわ！　で、身体をまっすぐ伸ばしたままの、初のファースト・クラス・フライト。やっちゃいましたぁー。

で、オレも事務所のスタッフと一緒に！　夏の涼しいＬＯＮＤＯＮでオフだぁ！　展覧会だぁ！　って、エッジウェアロードの借りてるフラットを目指した。一足先に、住んでるスタッフと会って。「どう？　最高っ？」って聞いたら……、「初めてのＬＯＮＤＯＮで、恐くて、セブン・イレブンっきゃ行ってない」って……、「なに、それぇ！」って！　それじゃ、東京の家に居るのと変わんないじゃん！　今夜から、夜の街、遊びに行こうよー！　なんて、先頭きってＬＯＮＤＯＮの街に、繰り出すようになった。テクノやトランスのクラブ・イベントやら、ＬＩＶＥ！　……『BODY COUNT』『PITCH SHIFTER』『BIOHAZARD』『ORANGE 9min.』『DOG EAT DOG』『COP SHOOT COP』おまけにサッカーの聖地ウエンブリー・スタジアムでやった『The Rolling Stones』とか……、数えきれない……、あとは、ミュージカルやまだ日本未公開の映画とか……。

あとは、偶然にも契約の件でＬＯＮＤＯＮに来てたプロデューサーの『浅野典子』と会って、彼女の友人のイベントや展覧会行ったり、MO'WAX レーベルへ行って『DJ KRUSH』と契約してる若いレーベル代表のＪＡＭＥＳと会ったり……、MO'WAX レーベルのデザイナーの事務所に遊びに行ったり……。

いつも、ＬＯＮＤＯＮの夏は日暮れが遅くて、延々と続くように長くて、優しかった。クラブやライブではＬＯＮＤＯＮの街に暮らす若い女の子や、ガキとも知り合って、で、朝方まで、一緒に遊んでは、また、また、オレたちのフラットで遊んだ。……おまけで、オレだけは寝室が、なくて、リビングのソファーがベッドがわりになっちゃうんだけど。まあ、でも、みんな毎日、なーんにも考えないで、よく遊んだもんだ。オレの出した展覧会なんか、オマケの！　オマケ！（まぁ！　どーでもイイってこと！）ウチのスタッフのみんなも、随分とタフになって、勉強してたLONDON滞在だった!?　のか、なぁ。

次は、『中山美穂』のアルバム『Mid Blue』ジャケットの仕事がスタートだぁ！　カメラマンの『フィリップ・ディクソン』は、わざわざ、オレに会いに滞在中のHOTELまで来てくれた。オレは大好きだった映画『カリフォルニア』のスチール写真や、POSTERが、気になってた……。でぇ〜。ひさびさに、緊張して1人部屋で、待ってたら……、『フィリップ・ディクソン』は、素朴な服と、サンダルでひょい！　ひょ〜い！　ってくらいの、軽いニュアンスでやってきた。で、そのままHOTELのカフェで、喋った。『中山美穂』のプロフィールとか、オレが持ってるイメージ・ニュアンス、ロケ場所のイメージを、なんとなく、事前の紙資料で摑んでたのか……、打ち合わせは、とても、スムーズだった。

ロケ場所はHOLLY WOOD。家の中心にプールのある……、お金持ちのゲイのカップルが住んでる、ほんと、ゴージャスで、タメ息が出るくらいの豪邸だった。周辺には、誰もが知ってるHOLLY WOODのスターが数多く住んでるらしい。よく、TVの中で紹介される閑静な、そしてリッチな、これぞHOLLYWOOD!! って感じの地域だった。そこで、美穂ちゃんがメイク・アップしてる間、普段オレが現場でやってるように、『フィリップ・ディクソン』と、12カット必要な、構図を、2人でポラロイドをきりながら、偶発的に！ アプローチして！ 決定していった。（もちろん、オレがダミーで美穂ちゃんのかわりにスタンド・インするのだが……）

とにかく、『フィリップ・ディクソン』のポラロイドは不思議だった。L. A. のホント！ 眼をあけてると、眩しすぎる日ざしにも、かかわらず……、ポラロイドに写し出されるオレは、恐いくらいの重量感のあるものだし……、L. A. の、この光を！ 彼は知り尽くしてるっ！ って思ったの、ね。で、そんな明るい中、かなりの光量のストロボも使用してたし。ファインダーの中は、もう真っ黒！ で、オレの眼では……、なんにも見えなかったのだ。（いまだ、謎！）

『中山美穂』が『フィリップ・ディクソン』の前に、立ち。……セッションがスタート！ するのだが！ ポラロイドに写し出された自分を見て、あの撮影慣れしちゃってる『中山美穂』が！ びっくりして声をあげた。「ケンさんっ！ フィリップさん！ 凄ぉ～い！ 凄い！ なんで、こんな綺麗に写っちゃうのぉ～！ タダ！ タダ！ ボーゼン！」ってワケで、12カットは、あっ！　っという間に終了した。

が……、フィリップは、撮影中にも合間に呑んでたコロナ・ビールをオレと美穂ちゃん、スタッフに差し出して！「チアーズ！」って、やったら、プールの中に飛び込んじゃった。美穂ちゃんも、撮影中少しプールの中にいたから、またザブン！　っと飛び込んで！

またっひとつカッコイイ仕事が終わった。

で……、プールからあがった美穂ちゃんが、タオルかぶってたら……、『フィリップ・ディクソン』ったら……、「ワン・モア・ロ〜ル!!　プリーズ!!」って、完成された12カットには、ない素顔の『中山美穂』がキャハハハハァーってやってるのを切り撮った！（これも、また、いままで見せたことのないカットだった）……帰りの車の中。珍しく自分の撮られたポラロイドを大事そうにかかえて……、「ケンさんっ！　今までで、一番好きな写真が撮れたよー！　アリガトッ！」って喜ぶ！　美穂ちゃんが居た。

翌日、『フィリップ・ディクソン』が写真の現像をやるスタジオまで行った。彼は、プリントもすべてそこで、作業しているらしく……、過去のネガフィルムやら、ポジフィルムもすべて、管理してた。で、またオレは「映画『カリフォルニア』のスチール写真のベタあるぅ〜?」ってワガママ言って……、彼が現像作業してる中……、『カリフォルニア』の写真ベタをさがしては、見たこともないブラッド・ピットとジュリエット・ルイスがプライベートで抱き合ってる写真だとか、他のカッコイイ写真のネガをセレクションしては、「フィリップ〜お願いだから……、このプリント焼いてプレゼントしてよ〜う！」ってお願いした。

もちろん、『中山美穂』のアルバム『Mid Blue』のプリントは、どのカットも素晴らしく！ 見たこともない黄金に輝いていた。やっぱり巨匠の仕事は、段違いでグレードが違うなぁ〜！ って、えらく『フィリップ・ディクソン』とのグッドなタイミングでの出会いと、そのセッションに胸を張ったものです。

あっという間に、東京を離れて1カ月。LONDONのフラットとも別れを告げた……、ウチの事務所のみんなが待ってる、久しぶりの日本へ。東京へ戻ろう。で、そろそろ住み慣れかけてたL.A.のHOTELをチェック・アウトする。

……なんか……、寂しいなぁ〜なんて……、帰路は、いつも寂しい……。

JOHNNYさんと、美穂ちゃんはレコーディング・スタジオ入る前に、オレのHOTELまで来てくれてBYE！ BYE！ して見送ってくれた。1995年、今年はじめて来た街だけど。また……、また……、この街L.A.に戻ってこよう！ そう強く思った。

機内で、『フィリップ・ディクソン』の納品になったコンタクト・プリントの箱の下を見たら……、なんと。オレがスタジオでリクエストした映画『カリフォルニア』のアナザー・カットが入ってた。サイン！　っと一緒に「ケン！　アリガト！　デモ　コノ　プリントイ　ンサツ　シタリ　コピー　シナイデ　ネッ！」黙ってくれたプレゼントに感激して、ちょっと、ホロリときた。…………ありがとうございましたっ！　オレたちの1995年の、夏！

『BUCK-TICK』シングルコレクションアルバム『CATALOGUE 1987-1995』

『BUCK-TICK』は、これまでリリースしてきたシングルコレクションアルバム『CATALOGUE 1987-1995』をリリースすること、になった。1996年2枚目のアルバムだ。しかも、初のシングルコレクション！

パッケージデザインのレクチャーは、メンバーとの打ち合わせもないまま、レコード・メーカーのディレクターからしてもらって。ブックレットと封入する特典ステッカーは、これまで、オレが作ったジャケットの絵をそのまま使って……、なんて、簡単なものだった。外装になるパッケージは、黒い布張りで！　箔押しなんかして！『BUCK-TICK』としては、初めてのデジパック仕様！！　なんてワガママ聞いてくれてるし……。（これは、イイ！　としても……）ブックレットのインナーや、特典ステッカーは、そのまま過去のアート・ワークのままでイイのか！？　なんて……、思ったけど……、どうも、しっくりこないのだ！　完成見本を作って、5人に見せにいく段階にきても……、オレの頭ん中からはこのデザインで、そのままでいいのか！　って！「？」が消えなかった。ヒサビサ！　に5人と、再会しながら……、オレ。「これって、ダメじゃん、ねぇ～！」なんて、今まで言ったことのない、自信のない声と姿勢で、デザイン提示をした。5人は……、即答！「うん！　もちろんッ！　ダッメッェ～！！！」アッハハハハァー！　って、一秒でオレ！　殺されたっ！　生まれて、初めてくらい、最初から、自ら、負けてたプレゼンテーション！　ってヤツを、しでかしてしまった……！　一同！　大爆笑！の渦だ！　……だっから、このデザインやってて「？」が消えなかったんだけど……。で、これまでのアートワークを、軽く、撫でるがごとく……、いじくっていった。（今、思い返すと、これはちょっとはずかしい）今まで作ってきたものを、思いっきり！　壊す！！！　そして、また！　再構築して作り出す！　蘇らせる！！！！！　……リミックス！　の感覚が！　これこそが、

オレに欠けてるっ！　って危機感を、ハッキリと自覚した。

アート・ワークにも……リミックス！　の感覚！　が必要不可欠だって、こと。オレはこれを、すっかりと忘れていたのだ。……今年5月にリリースしたモンスター・アルバム『Six/Nine』。その、アート・ワークに、自ら、あまりにも酔いすぎてて……、なんか、東京戻ってきて、初めての次の仕事で……、『BUCK-TICK』の5人に一秒で殺されたっ！　オレ。これは、本当に勉強になった。いつでも、自分の過去に産んだモノを破壊できる勇気!!　……作品を、産んだ瞬間から、反省する！　さらに考える勇気!!　さらに、もっと！　を、忘れない姿勢！　……スランプに落ちないように、この仕事のことは、ぜったいに！　忘れないように、と、心に！　しっかりと、刻んだ。

転がり続ける。
ゲラゲラ笑いながら、
歯を食いしばって流転のロードに出る。
そこで日本のヒップホップの先っちょを捕まえる。

ロックをデザインする男は、旅をする男でもある。長いロードに出る。どさわまり。L.A.、N.Y.、LONDONどこにでも行く。そのとき、彼の傍らには、ミュージシャンがいる。ロックたちがサカグチケンといっしょに転がっている。それが彼の制作に対する衝動を生み出していく。

dj honda、DJ KRUSH、日本のヒップホップの、そのとき一番先っちょで、鋒《ほこさき》で暴れているアーティストからオファーが来る。dj honda のあのロゴマークもサカグチケンと dj honda の手によるものだ。

そんな彼は、海外での発信も多い。向こうのアーティストと一緒にグループ展を開く。

そこには、サカグチケンのつくった平和のポスターが多く出展されることになる。

「THE STREET BEATS」をモチーフにしたJAGDA平和ポスター「赤い空の下で」など、サカグチケンには、ピースマークが似合う。拳を振り上げてヘドバンしながらボーリョクの権化みたいな、古臭いロックのイメージではなく、本当の意味での平和。そこにはもちろん愛もあって、それがサカグチケンの源泉なのではないか。ラブ・アンド・ピース、軽く口にするのは簡単だ。それをアクションする、いろとかたちと、思いでごりっと塊として表出させる。

1987年に、サカグチケンは、NEW YORK ADC国際展に入選する。

ニューヨークの会場の入口にサカグチケンのポスターが、彼の言葉を借りれば「ぽーんと」貼られている。「なーんだニューヨーク、簡単に獲れんじゃん」って思ったそうだ。日本人は他に著名なアートディレクターがふたり、その3人のなかにサカグチケンがいる。

23歳。

受賞したときの年齢だ。本当にやばいコゾーだ。

このあたりからサカグチケンの旅、ロックとの彷徨がはじまっているのかもしれない。

そうなると同じNEW YORK ADC国際展で入選した日本の著名なアートディレクタ

ーたちも、サカグチケンの表現者としてのハリケーンに巻き込まれていく。日本人アートディレクターとグループ展をする話が盛り上がると、アナーキーの仲野茂に声を掛けて、仲野茂に巨大な日本列島をつくらせてしまう。サカグチケンの事務所、サカグチケンファクトリーに、仲野茂が日参する。完成した巨大な日本列島は、東京から、グループ展の会場、静岡県立美術館まで旅をする。ロードさせる。それをおもしろがりながら、サカグチケンは表現を流転させていく。

（佐倉康彦）

1996年。何か、一つの時代を、整理して、次の世界に向かって行こう！　っていうリターンの年だったかもしれない。

『DJ KRUSH』＆『KEN ISHI』

1995年から1996年への年越しは、ベルギーのブリュッセル&ゲントで開催されるクラブでのJAPAN NIGHT!!!　NEW YEARに向かう『DJ KRUSH』＆『KEN ISHI』の同行スタッフとして、ビデオ・カメラを持って、ヨーロッパへ！　初めての国ベルギーに行った。何度目かの、海外での年越し！　しかも、初めての仕事！　オレはひとり、フランス・シャルル・ド・ゴール空港経由で、太陽の落ちたブリュッセル空港に12月30日に着いた。……いつまでたってもオレのトランクが出てこないんで、文句を言いに空港係員のところまで、出向いたら……、なんと、別の経路でブリュッセル空港に着いた『DJ KRUSH』がいて……、同じようにトランクが出てこなくて、文句を言ってた!!　偶然にも、そこで、再会した!!!

「へぇ！　珍しく世界の反対側で、つながってるじゃないヨー！！！」オレたちは、笑ってた。現地のコーディネーターの案内で、その日の晩飯は空港のレストラン。で……、で……、で、ホテルにチェックインしたら、早速、翌日のクラブの下見。とにかく……、街中がミスティックな、深い霧で、覆われた……、まさに、謎の街ブリュッセル。オレンジ色の、やさしい光景、街灯で照らされた石畳の歩道は、なんとも言いがたい「幻の都」なのでありまして、なんか、夢か、映画を見てるようだった。

『DJ KRUSH』はJAPAN NIGHTに向けて、クラブのサウンド・チェックにも余念がないが、オレもドキュメント・ビデオを廻しながら、次の仕事。THE MAD CAPSULE MARKET'S のビデオクリップに使用できる素材撮影にも夢中になった。その日は、『DJ KRUSH』と同部屋だったが、例によってブッ飛んで、酔っ払って、きも〜ち良く、夢の中！　夢の中の〜な〜かぁ〜！！！！　ぐっすりと、ベルギーの初めての日を昼過ぎまで……、夢の中。

翌日、ワッフルを紅茶で、いただいてたら、昼間のベルギーの街が、目の前にあった。静かで、やっぱり霧でおおわれてた。古い街並からくるのかミステリアスで、時間経過も、なんか、スローモーションに感じた。鳥の跳ぶアクションが、まるで写真のコマ撮りで見ているようで……。そして、この街の雲はえらい近く！　低く、手で、すぐにでも摑んで食えちゃいそうで。ここは、ホント絵で描いているかのような、街だなぁ〜なんて、とにかく、のんびりと、まるで老人のように、ゆっくりとお茶して、クラブでのＪＡＰＡＮ ＮＩＧＨＴ！！！　ＮＥＷ ＹＥＡＲのスタート！　の時を、待った。

ブリュッセル&ゲントの離れたクラブで、『ＤＪトビー』を含めた3人それぞれは、交代でＤＪプレイをした。さすが、NEW YEAR'S PARTY!!　この国でも……、盛大に盛り上がってた。極東からやってきた世界のＤＪ『DJ KRUSH』&『KEN ISHII』『ＤＪトビー』！は！　さすがに！　ここ、ベルギーでもクラブのオーディエンスを摑まえて、放さなかった。

オレは、それぞれのＤＪブースに上がって、ビデオ・カメラを廻したのだが……、『DJ KRUSH』からは、「ケン！　酔っぱらってオレのＤＪプレイの邪魔するヤツが居たら、カメラで頭ドツキまわしてもいいから！」なんて、言われてたもんだから……、ファインダーを覗く眼と、頭の後ろに、第三の眼でも着けてるか！　のごとし！　相当の注意力で、撮影に臨んだ。

なにも問題なく、素晴らしい『DJ KRUSH』のＤＪプレイが、終了して。しばらく、オレはブリュッセルのクラブで、今度登場する『KEN ISHI』のＤＪプレイを待ちながら、軽く呑んで遊んでた。そしたら、なぜか、きれいな金髪の女の子にモテモテ！　のオレッ！　KISSもらっちゃったり！　ドリンクもらっちゃったり！　……最初はドギモ抜かれ、有頂天！　スッゲーじゃん！　なんて、楽しんでたが……、しばらくして、気がついた……。写真も見たことない『KEN ISHI』とオレのことを……、金髪の女の子たちは勘違いしてたので、ある。(現地のコーディネーターが教えてなきゃ……、ベルギーで……、愛が……、芽生え！！！！　……ないか！)……ケンって名前だけで、モテるなんて……、トホホッ！

今度は、『KEN ISHI』のＤＪプレイだ。オレはまた、ＤＪブースに上がって、ビデオ・カメラを廻したのだが……、今度も大盛況！　大盛況！　だ！　ＤＪプレイの最中に、機材トラブルが発生！！！　するものの、なんとベルギーのオーディエンスたら……、曲のブレイク！　だ！　なんて思って！　さらに盛り上げてしまった。

プレイが終わり、ＤＪブースから裏口を通って、楽屋に帰ってる時、『KEN ISHI』が「機材トラブルあったって、観客わかってたかなぁ？　くやしい！　くやしいなぁ！」なんて言うから、オレは「ベルギーのオーディエンス！　最高っす！　よ！　ISHIさんとオレのこと、勘違いしてた女の子からKISSもらっちゃったり！　酒もらっちゃったり！　で……

おまけに、機材トラブルは、盛り上げるためのブレイクだと思ってたから！」って伝えた！

それ聞いた『DJ KRUSH』は大爆笑！

１９９６年元旦は、ＪＡＰＡＮ ＮＩＧＨＴ！！！ ＮＥＷ ＹＥＡＲ帰りの『DJ KRUSH』とオレ。朝帰りのＨＯＴＥＬの1Ｆのレストランで……、ベルギー・ビールで乾杯！

そのまま……、『DJ KRUSH』はレコーディングが待つ東京への帰路へ。

ミスティックな深い霧でおおわれたハイウェイを抜け……、まさに、謎の街ブリュッセルに別れを告げて……。

『THE MAD CAPSULE MARKET'S』アルバム『4 PLUGS』

１９９６年は年頭から、昨年からの仕事『THE MAD CAPSULE MARKET'S』のアルバム『4 PLUGS』や、そこからカットされる『WALK!-JAPAN MIX-』のジャケットデザインに向かった。

連日のように、メンバーが事務所に来ては、生まれる新しいアート・ワークを見てアイデアを足したり、引いたりしてくれた。特

にタケシは、Ｍａｃを触っては、Adobeのフォトショップとかイラストレーターに興味津々！　で、ＴＯＵＲ Ｔシャツやら、新しいステッカーやらも、自分自身のアイデアをカタチにしていった。彼の兄貴も、実はデザインとかやってる人で、なんかタケシにも生まれ持ってアート・ワークの才能の血が、確実に流れてるなぁ〜……なんて、実感した仕事だった。その後、『THE MAD CAPSULE MARKET'S』のビデオクリップ『WALK!』『CRACK』を監督して、『神 KAMI-UTA 歌』『POSSESS IN LOOP』『S.H.O.D.O.K.U.』『O-U-T』がパッケージされたビデオクリップ集の、編集に取りかかった。今度はオフライン編集室には隠れないで、オレの家にオフラインの機材をリースして……、自宅の生活の中心に、ビデオクリップ編集を置いた。なんか、もう生活を捨てた感じ。……何日か、その5曲しか聴かない日々が続いた。メンバーの4人も、次々にアキ時間を利用しては、オレのビデオクリップ編集に付き合ってくれた。前作『PARK』とは、違ったアプローチのクリップがならび、さらに、スムーズに進んだ。あっ！　一度、KYONOが徹夜で、オレの家で一緒に編集作業してた時。朝、KYONOが車レッカー移動されてて。オレ、そん頃、車もってなかったから2人で、警察行って！　何回も「セイノさーん」なんて、KYONOが呼び間違えられるのがおかしくて「キョーノだろっ！　キョーノ！」って、突っ込んじゃったりして……（苦笑）！　そん時のKYONOとオマワリさんが、まるで、コントみてぇだった。

『BUCK-TICK』アルバム『COSMOS』

新事務所「BANKER」も構え、新しいアルバム制作に取りかかった『BUCK-TICK』。年頭から曲作りに入ったメンバーは、アルバム『Six/Nine』から、驚異的に短いインターバルでレコーディングに入っていた。今回はリズム・プロデューサーにオレの知り合いのベーシスト『奈良敏博』さん（ex.『サンハウス』『SHEENA & THE ROKKETS』『仲野茂BAND』）を迎えて、IMAI+HOSHINOからボコボコと仕上がってくる曲から、リズム録り！　……レコーディングも、開始された。これまでは、曲作りと、リズム録りと、トラック・ダウンを同時にやる！　なんて、怒濤のレコーディングだったけど、今回は、これまでにないスムーズな感じだった。

あっ！　そん頃、IMAIスタジオが、今度はオレの事務所から、ほんと徒歩1分くらいの近所に引っ越ししてきたんだ。シングル『キャンディ』が出来た頃なんて、IMAI！

なんか！　うれしそうに、「聞いて、聞いて！　新しいヤツッ！　なんか、『北風と太陽』のたとえ話みたいに、ポカポカの太陽さんが出てきたら、チカラぬけてラクにコートを脱いじゃったカンジィ！」って、テープ持って、オレの事務所に来てた。今だかってないスムーズなレコーディングの進行にも、いつもと違う満足感を見た。その日も、呑みながらアルバムの全体構想を聞いたんだけど、シンプルにしたいっ！　スペーシーに！　って。とにかく、難解！　誤解！　な大作の『Six/Nine』とは、まったく逆のアプローチを狙っていたようだった。で、スタジオに遊びに行っては、ミックス・ダウンを5人でそろってチェックして、帰りに呑みに行ったりして……！　で、最後はＩＭＡＩ宅で、また呑んで……。って、くらいに。余裕もあって、ドンドンと、完成していく曲をじっくりと聞きながら、アートワークの相談もして……。

おかげで、オレにも余裕があって！　あまりにも、数多くのヴァリエーションを作っていくもんだから……、『キャンディ』のジャケットなんかは、最終決定にも、その色の配色で2種類どっちがイイかっ！　なんて最後まで迷わせてしまった！　で、アニイから「みんな、悩んじゃうから、いっぱいアイデア見せないでく

れよぅ！」なんて言われたり……。あと、『COSMOS』って曲は、ホント呑んでる時、ホント宇宙空間に浮かんでるように、気持ち良くって……、なんか幸せな気分になっちゃうんだなー。ＩＭＡＩ宅で、呑みながら、みんなで、ワイワイじゃなくて！　フワフワとイイ気持ちになってたっけ！　とってもスペーシーで！　アルバムタイトルも『COSMOS』に決まった。で、そのパッケージだけど……、なんか、真っ白にしたくて！　（アッ！　これはヒデヒコのアイデアだったか！）全体にスペース・スーツみたいに！　ディスクも真っ白で！　ケース自体も真っ白で！　で、ロゴの中には、「生」と「死」って文字を密かに隠して……、ジャケットに出てくるメンバーは、本人のようで、本人じゃなくて、指名手配なんかの、モンタージュ写真風にアレンジして……、メンバーが残した彼らの手掛かりっぽいオブジェを用意した。この頃はホントにＩＭＡＩ宅で、みんなで呑むことが多くて……、「BUCK-TICK TOUR 1996 CHAOS」のＴＯＵＲパンフレットを、メディア・プロモーション……、ＴＶ出演の期間中のドキュメンタリーと楽屋やプライベートを追いかけて……、これまでの撮影スタジオやロケで作った世界観からは、逸脱しちゃって、初めての、呑んでる場面も含めての、普段ありのままの『BUCK-TICK』を撮影することにした。カメラマンの『ＭＡＳＡ』も、『BUCK-TICK』の5人につかまるから、自分の愛犬「マイカ」

まで連れて……、朝までシューティング態勢でやって来た。TV出演時の楽屋風景から……、朝、恵比寿の屋台。そして、IMAI宅まで、どこまでも撮影した。多分、こんなプライベートな写真でまとめたのは初めてだったと思う。そんくらい、この時のTOURパンフレットを見返すと、いろんなエピソードが鮮明に浮かんでくる。このプロモーション時期は、スタイリストの八木さんとオレ、『BY-SEXUAL』のNAO、RYOは、ほんとIMAI宅に住んでるんじゃないか！　って思うくらい、毎晩泊まってたかも。IMAIが飼ってたクワガタがいる部屋で（ゲスト部屋？　ってとこで）……、ホント、毎日、毎日。IMAI宅から、事務所に行って仕事して、で、また「ただいま〜」なんて、戻っては近所に呑みに行って！　カラオケにも行ったし、「今年こそ、夏はキャンプ三昧だぁ！」って、夏休みの計画を立てたり……。

そういえば、『BUCK-TICK』がTOURに出かける日、メンバーにつかまって、朝まで呑んでたマネージャーから「飲酒運転できないから！　ケン！運転してよッ！」ってお願いされちゃって、なぜかデザイナーのオレが（笑）成田まで車を運転して、IMAIとマネージャーを送っていったことも、あったな。

このTOURには、『LUNA SEA』の『J』もやって来た地元・高松と、大阪公演に顔出したんだけど……、そのままメンバーにつかまっちゃって、名古屋まで遊びに行ってたりして。こん時は台風で、新幹線が一時止まっちゃって、とある駅のホームでウロウロしちゃってるヘアメイクの谷崎さんと、スタイリストの八木さんと、オレの3人が、TVニュースで流されちゃった……。(笑)

★★★

いち段落した待望のオレたちの夏休みはキャンプ三昧だった。最初は丹沢だったたっけー。『BUCK-TICK』からは、ATSUSHI、IMAI、HIDEHIKO、U-TA。スタイリストの八木さん。ドラム・テクニシャンのAZAMIくん。あと、地元・群馬の友達。カメラマンの『MASA』。『BY-SEXUAL』のNAO、RYO、『LUNA SEA』のJ。あと、いろいろ。場所変えても、夜ただただ気持ちイイ星空の下で、川べりの小石の上に寝ッ転がって酒呑んだり、釣り番長? HIDEHIKO HOSHINO! の指導をもとに、川釣りしたり魚をさばいたり、ATSUSHIが薪割りしたり、IMAIの作る究極のカレー喰ったり……、IMAIん家の犬「B・J」も、MASAん家の犬「マイカ」も、楽しそうに遊んで、はしゃいで!!「オメェらも楽しいかぁ」ってな感じで、楽しくって!!地元・群馬にも2回くらいキャンプにいった。群馬では、一度テントもタープも張って、さあ！ 呑むぞっ！ って時に台風が来ちゃって……、川の水面がどんどんと、増してって……、「マジッかよー!!」って大爆笑で！！！ AZAMIくんや、八木さん。『BY SEXUAL』のNAO、RYOが、慌てて帰り支度をしてるなか……、IMAIとオレだけは、イス2脚だけになるまで、呑んでたっけェ！（読者のみなさんはマネしないでね！）……、そんな、久々の夏休み!! でした。今でもアルバム『COSMOS』聴くと、キャンプで見た気持ちイイ星空を思い出すなぁ〜！

生きる以外、方法はない。その先に肉体的『死』が、あるが。

交通事故！　頭蓋骨骨折！

1996年の11月21日。午前4：00。降りしきる雨の西麻布で……、交通事故に遭い頭蓋骨を骨折した。もう一度カンバックするために、退院してから自宅にてリハビリに努めた。

忘れもしない1996年12月23日。退院後初めての外出はライブになった。『LUNA SEA』〈UNENDING STYLE TOUR FINAL Christmas STADIUM ～真冬の野外～ in横浜スタジアム〉だった。ほんとうに久々に外に出たら……、あったかいのかと思ってなぜだか……、オレは短パンで出かけてった……。（バカ！　頭蓋骨骨折野郎である。真冬の野外なのに……）

1991年に日本青年館初のホールワンマンで初めてライブを見てから、もう5年かぁ……なんて、いろんな思いがタイム・マシーンで高速でリワインドしてくイメージだった。脳みその中が……、逆回転はじめた。グルグルと、まるでアナログ・カセットのようだった。

記憶がバックしてる……横浜スタジアムに着いて、まず驚かされたことは……、彼ら『LUNA SEA』は今日から1年間、そのバンドとしての活動を休止するってことだった。びっくりした。ただ、彼らは、彼ら自身が、もっと大きくなるために1年間それぞれが自由に飛んでみる予定だという。……オレも、きっちりと飛び立とう！　もっと軌道のはっきりとしたイメージで！　オレはそれに合わせるかのタイミングで脳みそにダメージ受けて……、新しいサカグチケンに生まれかわり、また人生のなかでも成長する最大のチャンスじゃないかと。とにかく、勇気をもらって……熱い鼓動の高鳴りをヒシヒシと感じた。

生きてるリアルを伝えなきゃ……RED ROOM 2097から。

リスタート！

ノー・ダウンだ！　笑って、また、ゆっくり立ち上がった。１９９７年の正月は、自宅療養と通院からスタートしたが、確実に頭が重たく、クラクラするが、入院中に比べりゃ、ぐっと回復してきた。

そんな１９９７年の1月。活動休止した『LUNA SEA』のＪや、サッカー日本代表・岡野雅行「浦和レッドダイヤモンズ」なんかに新年会に誘われた。なんとも、元気、いや勇気付けてもらった。Ｊは初めてのソロ活動。岡野はワールドカップ出場。

で、オレは復活！　が１９９７年のテーマだった。なぜだか、酒が一滴も呑めないオレが、みんなは珍しいみたいで……、おもしろがってくれた。みんな、それぞれが、１９９７年はぜったい！　やるぞ！　と。初来日するMARILYN MANSON JAPAN TOUR 1997

におけるフライヤーの制作が初仕事だった。続けて、『BUCK-TICK』はレコード会社移籍が決定した。なんか、すべての環境が、リスタートされた。

『GaZa』

3月には、『GaZa』が結成された。このユニットは仲野茂（ANARCHY）＋藤沼伸一（ANARCHY）＋DJ KRUSH＋J（LUNA SEA）＋澤田純の5人が一夜限りのLIVE『'97RPM』のために集まったものだった。そこでのグラフィックを手伝ったのだが、世代もジャンルもスタイルも超えた、まさに真剣勝負！　って感じで、これにもオレを勇気付けてもらった。5人が、その夜に用意した音楽という名のキャンバスを、交換しては、さらに上からペインティングするかのように、さらにそれぞれのキャンバスが上書きされて完成していく様を、その場で披露してもらった。まさに、オレとコラボレートしてきたアーティスト同士のコラボレート！　さすがに、強烈だわ。5人ともから、「オイ！　ケン！　ピュアな目線で、強烈なビートとスピードで、すべてを呑み込んで、どんどん誕生と破壊を！　この瞬間に！　……それを忘れんじゃないよ！　原点に帰ってみなよ！」……なんて意味の、ポジティブイメージのメッセージをもらった気がした。あと、「酒が呑めないくらいで、元気なくしてんじゃねぇ！」って打ち上げで5人から、これまたキッツイ！　ヤジ！も、うれしかった。

『LUNA SEA』ベーシスト『J』ソロ・プロジェクト
シングル『BURN OUT』

ベーシスト『J』のソロ・プロジェクトにおけるグラフィックワークも、始まった。『J』が設立した事務所『FOURTEEN co.,ltd.』のコーポレッドCIのデザインからスタートし、現在制作中のソロ・プロジェクト用の楽曲のタマゴを聴きながら、今後1年間の『J』に関するグラフィックワークを考えていた。……『J』とは『LUNA SEA』がメジャー・デビューする時に出会って、それ以来、ことごとくセッションでは、お互いの思いを交換してきたが。……いや、今度は『LUNA SEA』の、いままでの『J』を、も、大きく否定するくらいの意気込みでのミィーティングになった。それは、言い換えるならば、初期衝動の頃から変わってないのかも知れない。彼ら5人は、デビュー前から、それぞれが微妙に異なるが、さらなる大きな結論を抱いてセッションに現われたワケだし、それが、そのまま『LUNA SEA』っていう巨大なバンド・カラーを形成してきたワケだし。ただ、異なるのは、ここでは『J』本人が100%ジャッジして、100%結果を出していくってこと。『LUNA SEA』と同じレコード・メーカーと契約したのだが、そのスタンスは誰もが理解してた。『J』のセルフ・プロデュースなワケで、レコーディングの場所から、エンジニア、バンド・メンバー、カメラマン、すべて『J』本人がチョイスした。負けん気が爆発する。オレからは、国内で2回のフォト・セッション＋レコーディング先のL．A．で2回のフォト・セッションを提案した。その4回のセッション、すべて、まったく違った内容にしたかった。まずは、『LUNA SEA』でもメインカメラマンの『NICCI KELLER』とのセッション。これは、『J』が始動すること、そしてシングル『BURN OUT』のプロモーションのため。コンセプトは「象徴としてジーザスのように裸になって磔《はりつけ》にされて、Jー色の世界に染めろッ！」……都内のスタジオの中でのセッションだったが、完璧なる異空間をスタッフと全力で作り上げた。セッションとしてはハードなものだったが、メイキングを公開したくないくらい、オールスタッフが心を裸にして真剣勝負で生み出したヴィジョンだった。

国内での次のフォト・セッションは海外アーティストとのセッションが多く、特に『MANIC STREET PREACHERS』とは親交の深いカメラマン『ミッチ池田』。彼とは発見とライブ感覚のあるセッションになった。現場でぶっつけ本番で模様をペインティングしたり、スタジオの駐車場に火を放ってみたりと……。アドリブの中で、遊んだ。そして、レコーディング先のL．A．では、これも『J』本人の強力なリクエストが呼び込んだのだけど、世界的に凄いって言われてるカメラマンのひとり『アントン・コービン』。彼は『U2』『THE ROLLING STONES』『NIRVANA』などともセッションしてる男。まさに、オレも大好きなカメラマンだし……、まさか、いや。強い思いは叶うものだ。

で、もうひとり『フィリップ・ディクソン』。『J』もお気に入りのブラッド・ピット主演映画「カリフォルニア」のスチール・カメラや、オレが『中山美穂』のアルバム『Mid Blue』で1995年にL．A．で一緒にセッションした男。また、再会できるのだ。やっぱり、強い思いは叶うもの。

まずは、『フィリップ・ディクソン』とのセッションのため、L．A．に行くこととなった。オレは念のため、主治医に「飛行機乗って大丈夫なのか?」確認した。主治医の答えは「YES!」「あと……少量ならば、酒も呑んでもいいよ」ってことだった。だから……、都内で『J』との打ち合わせの帰りに焼肉屋で、半年ぶりのビールを呑んだ、……!が！……うれしいけれども、まるで、子供の頃初めて呑んだときくらいニガくて、なんだ、ニガイって！　なって！　そのビールの味すら覚えちゃいなかった。笑った、笑った。笑えるくらい復活なんだ。

『J』のソロ・プロジェクトは、L.A.で本格的にスタートする。L.A.では「レコーディング前夜祭バーベキューパーティ」が用意されていた。レコーディングに参加するドラムスのスコット・ギャレット、ギターの藤田〝CB・GB〟高志、レコーディングエンジニアのジョー・バレッシィ、日本からのレコーディング・スタッフ、そしてオレらフォト・セッションのチーム。もちろんレコード会社の皆さん。会場は山の中の別荘だった。緊張感のあるパーティのスタートだったが……、いやいや……、皆さんシャイ？　だったらしく、通常のジャパニーズ飲み会モードに突入したら、和み、和まされての、雰囲気の良い前夜祭になった。

『フィリップ・ディクソン』とのセッションはレコーディングの合間をみて1日でやった。初めて、彼のベニス・ビーチにある家で撮影することになったが……、また、さすが世界を代表するカメラマンだわ。なんと、家の中を川は流れてるは、庭には木の上に部屋があるは、メイクルームやら、もちろんスタジオまである……、ほんと要塞か、基地のような家だ。まったく生活

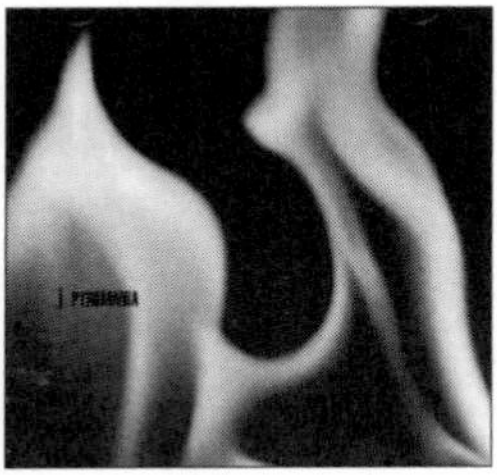

感のしないクールな空間だった。ポラロイドに写し出される『J』は恐いくらいの重量感のあるものになった。堂々としたものだ。これは、このポートレイトは『J』のファーストアルバムの中に入れよう……、って確信した。

撮影から現像、ベタのセレクションまでで、最初の滞在はわずか1週間だったけど、その間、『J』のレコーディングの様を楽しんでた。シングル『BURN OUT』のカップリング予定の『Call Me』から、リズム&ギター・ダビング……、いよいよだぁ! なんて攻撃的なスタートを確信しながら、その後の作業が待つ東京に一度戻った。

シングル『BURN OUT』のアートワークやプロモーションデザインを終えて。再び、世界的に凄いって言われてるカメラマンのひとり『アントン・コービン』とのフォトセッションのために、1ヵ月後、またL.A.に向かった。今度は、『アントン・コービン』のスタッフのヘアメイクとスタイリストが、一緒だった。再会した『J』は、このROCKな街=L.A.に、ほんと、馴染んで、その空気すべてをエンジョイしてる様子だった。『アントン・コービン』との初めてのミーティングもスムーズに進み、彼の中にイメージとしてある『J』にピッタリのロケ場所を探してくれた。なんと、そこは、まだ薄煙りが立ち上る……、工場が放火された跡地だった。その焼けこげた広いスペースのすべてを使って

『J』とセッションした。なにしろ、彼はシューティングに迷いが、ない。2人は、お互いに初めてだとは感じられないくらいの余裕でセッションしていた。ときどき、笑いも出る。それが、また、その先のファインダーの構図にも、良い影響を与えてた。

いったんブレイクがあって、「ランチは日本料理がいいっ」て、アントンが言い出したので日本料理屋にランチに行った。その食事後、なぜだか駐車場でバスケットやってる子供たちが居て、それを見たアントンとオレはボールを借りて、遊んだ。なんせ、190㎝以上はある長身の大男だ。オレがボールを取ろうって頑張ってみるもんの……、相手にもされず（って無理か……）。……その食後のひとときが、楽しくて……。で、その後、そこの駐車場でも『J』を撮影したのだけど……、ここでのカットがその後のポスターやプロモーションの軸になるなんて……。

撮影が終わって、スタッフみんなでクラブのカフェへ入って、呑んだ。そこで、オレの手帳にはアントンが、あるメッセージをくれた。「For Kennie-san. Pass me the ball! Your Friendly GIANT! L.A. '97 ANTON」だって。で、スタイリストのMARYAMも……。「For Ken! The CRAZY Lover! I Love U! Call Me 777-5858!!!」……キスマークまで、ふうぅ。

生きてるリアルを伝えなきゃ……、それが、オレに課せられた使命じゃないか！　ってポジティブな思いが、さらに図太くなってきたのは、『LUNA SEA』のベーシスト『J』のソロ・プロジェクトが、ライブ・ツアー『J PYROMANIA TOUR '97』に突入した頃からかも知れない。すべてをリスタートさせちゃう勢いで、全国にROCKの火を、放って廻った。これまでの、『LUNA SEA』のベーシストっていうカタチとは、なにか違う……、いや、違うはずだ。J（B. Vo.）、フランツ・ストール（G.）、藤田〝CBGB〟高志（G.）、スコット・ギャレット（Ds.）の1997年に誕生した新しいバンド・ユニットなのだ。ライブを重ねていく、そして、物凄いROCKのカタマリが、育とうとしてるのだ。～壊れたのなら、また最初から、創り始めればいいさ～なんて、『J』の歌に自分を重ねてみたりして。特に、そのライブ・ツアーが幕を閉じちゃう9月のファイナル「赤坂BLITZ」では、『J』がリスペクトしてきた『THE CULT』のギタリスト『BILLY DUFFY』そのまま！　リュックサック背負ったまま！　飛び入りしてのフィナーレ曲・Sid Vicious『MY WAY』をやった。あっけらかん、と‼　音楽業界に！　犯行声明！　を、掲げたステージだった。やりゃ、できんじゃん、みんなも！！！！！　って、そこに会したヤツラすべてが、何かを感じてた。この夜の打ち上げは、アナーキーのシゲルや、その後、オレがセッションすることとなる『Oblivion dust』のメンバーも、世代や国境を超えて……。

ROCKの火を、メラメラ!……、熱く、語り合ったのだった。

隠れてると影すら、見えない。

『ANARCHY』アルバム『THE LAST OF 亜無亜危異』+『ディンゴ』

時を同じくしてANARCHYも、過去8枚のオリジナルアルバム『アナーキー』『'80維新』『亜無亜危異 都市』『READY STEADY GO』『ANARCHISM』『Rebel Yell』『デラシネ』『BEAT UP GENERATION』の中からのベスト・アルバム『THE LAST OF 亜無亜危異』と、同時に、なんと13年ぶりのニュー・アルバムの制作に入っていた。こちらも、当初に考えられていたオリジナル・メンバー・ラインナップではなく、仲野茂(Vo.)・藤沼伸一(G.)・寺岡信芳(B.)のメンバーに、ニュードラマー名越藤丸を迎え4人での、リスタートだった。オリジナル・メンバー5人が集まって超久々の歴史的ライブステージをやった1994年とは、これまた、すべての意味合いが違った。まさに、ホンモノの『1997 ANARCHY再始動!』……、そして、新しい音源! そして動き出すのだ。ニュー・アルバム『ディンゴ』のジャケットデザインの打ち合わせで、リハーサルスタジオを何回か通って、ニュードラマー名越とも、打ち解けてきた。そして、なんといっても、スタジオでレコーディングされてる数々の楽曲は、まさに13年ぶり！　の凄まじさ!!　超音速でANARCHYが未来に行っちゃって、高笑いしてる世界観が、パァ～ッって広がってくるのだった。なんたる存在感!!　ホンモノのロックバンドANARCHY再始動！「これが、ロック！　バンドだ！」……、ため息すら出て来た。まるで、目隠しされちゃった13年間……、オレの想像なんて、軽ぅ～く飛び越えちゃって、オレ自身、もしかしたら、一度死んじゃって、また戻ってきたのか……、なんて……。これまで、知らされてなかったバンド・マジックってヤツを、今、目の当たりにしてくれてた。オレが10代に、自分の生き方や、考え方……、すべてに、影響されたし……、オレがこの世界でやってくための、大きなキッカケとチャンスをくれたアニキたちは、やっぱ、破壊的に、凄ぇ～や!!って、また、ここでも大きな手で、オレの背中を叩いて勇気付けてくれた。ここでは、紙喰うヤギを……、札束の舞う世界に放り出し……、～なんて、ヴィジョンが浮かんできた。あとは、楽曲の中から、バンバンとアイデアが溢れ出してきた。都内の路上を、ただただ、眺めながら、写真を撮った。……

コンクリートで埋め尽くされた中に、何が染み込んでいるのか、考えて……、あぁ、そうだ、時空の歪んだ中を、ANARCHYが泥だらけで歩き回ったら……、なんて……、考えていくうちに、ビデオクリップも制作したくなってきて……、予算なんかじゃない、アイデアだけで、ギョッ！　ってするような作品が誕生しそうな、勢いがあったのだ。まさに、リスタート！　オレの創造欲にもデカイ火が放たれたのだ！……さあ、やってみろよ！　って。ビデオクリップ『ノーライフ』を監督した。札束の舞う世界をバカみてぇにウロウロする可愛いヤギのカットから、スタートして。時空の曲がった世界で、叫ぶシゲルと。かっ開いた眼光。ピョンピョンはねるように日常生活ってヤツのリズムに乗っかって流れ行く人々。泥まみれで、演奏するANARCHY。泥まみれで、時空の曲がった世界を散歩するANARCHY。……「〜個人的な理由はいつもコンクリートで埋め尽くす〜シナリオの有る疲れたバケーション無知が歩いてる〜押し込められた〝ZOO〟……はしゃぎ長い手足をかじり出す〜糸の切れたコミュニケーションばやけた世紀末〜」……日常の中、ただただ流されてく人々の中……、ANARCHYはすべての時空から、飛び出して、街中をうろうろと徘徊してる。そして鋭い眼光で眺めてる。……そんなイメージをビデオクリップの表現の軸にした。まさに、ANARCHY再始動！　……そして、誰もオレを、殺しちゃくれない。

『LOFT 20TH ANNIVERSARY ~ROCK OF AGES 1997』

1997年って年は、ROCKって名前のリスタートの年だったかもしれない。イベントも目白押しだった。まずは、オレを育ててくれたライブ・ハウス、新宿LOFTが20周年を迎えるにあたって、『LOFT 20TH ANNIVERSARY ~ROCK OF AGES 1997』が日本武道館で、7月24日に開催された。

……出演者も、アナーキー、ウルフルズ、筋肉少女帯、シーナ&ロケッツ、SIAM SHADE、スピッツ、ザ・ハイロウズ、花田裕之& ROCK'N ROLL GYPSIES、HOTEI TOMOYASU、THE MAD CAPSULE MARKETS、LÄ-PPISCH《レピッシュ》、石橋凌（ARB）、泉谷しげる、池畑潤二（ex.THE ROOSTERZ）、井上富雄（ex.THE ROOSTERZ）、遠藤ミチロウ、大島治彦、KEITH（ARB）、KYON（ex.ボ ガンボス）、柴山俊之、下山淳（ex.THE ROOSTERZ）、スマイリー原島、CHAR、白竜、PANTA……、もう、挙げてたらキリないくらい、「新宿LOFT」で数々のパフォーマンスを見せてくれたアーティストが、夢の共演を果たしたのだ。

……もちろん（でも、ないか）。事故後のオレも、アニキたちから呼ばれ、このイベントのシンボル・マークなど、グラフィック関係で参加を要請された。これは、もうホントにうれしかった。東京出てきてすぐの20歳前後に、アナーキーのシゲルにさそわれて新宿LOFTに、チョロチョロ顔だすよーになって、さ。……また、よしゃ、いいのに、LIVE終わってからも、LOFTに居座って、さ。いろんなミュージシャンたちと、朝まで呑む、呑む、呑む、呑む！　でしょ。で、いろんなバッカみたいなエピソードを、作ってさ……。もしかしたら、そんなデザイナーの若造って、オレくらい、だったかも知れない。それくらい、バカだったワケですよ。……まぁ、ともかく。事故後のオレ！　リスタートの年に！　原点になってる「新宿LOFT」の大切なイベントに参加できたことは、本当に、オレの生きてる「時代」ってヤツに感謝した。ちょうど、その頃。ファー・ウエストの友達バンド『CARCASS』のドラム！　『KEN OWEN』が来日してたもんで……、オレの家に泊めて……、『LOFT 20TH ANNIVERSARY～ROCK OF AGES 1997』日本武道館のライブに、連れていった。……そう、これだけのメンツが、一堂に会してライブやるなんて……、ないからね。ロンドンのアーティストに、是非とも、見せたかったんだ。KEN OWENは、ファー・イーストのROCK！　ってヤツに、そのジャンルの幅広さに、ただ驚いてた。こんなに、方向性の違うヤツが、同じステージに立つなんて……、素晴らしいね。って、ことだった。オレなんかは、もう開場になる随分前から、酒呑んで、もう、ゴキゲンでしょ。最後の打ち上げ会場「新宿LOFT」でも、ピョンピョン跳ねてて……、KEN OWENは、「ファー・イースト・ケン？　クスリやってんのかい？」だって……。そのくらい、スペシャル！　ハイテンション！　……事故後、初めてくらい酔った夜（っていうか、朝）だった。みんなも……、「退院した頃の、おとなしさで十分だよぉ……、勘弁しろよ！」って笑ってた。

ポジティブな創造性は、本当に愛を見せる。

『BUCK-TICK』
シングル『ヒロイン』
アルバム『SEXY STREAM LINER』

1997年『BUCK-TICK』はレコード会社移籍が決定した。例年とは、比べものにならないくらいのイキオイでIMAIの楽曲も仕上がっていた。

シングルの歌入れも終わり、『ヒロイン』のジャケットのヴィジョンは、なんとなく、ATSUSHIに「画」をイメージで語ってもらい……、それを、具体的に眼で見えるカタチにしていく……、そんなやり方をした。目を閉じて……、目を閉じて……、目を閉じて……、数珠つなぎになったガラス玉が、ループして……、ただ……、遥かに、空を超えて、空を超えて、夜の果てまで……。カメラマンのM・HASUIと。ガラス玉まで用意してくれたスタイリストの八木さんと。スタジオに隠って、ただのガラス玉と、格闘した。で、ATSUSHIの、言葉のひとつ、ひとつの意味を、深く、深く、感じながら……『ヒロイン』を眼で見えるカタチにしていった。

★★★

また、アルバムのデモ楽曲を聞きながら、なんとなく……、オレが事故で入院中、ノートにスケッチした「夢」の絵を、アートワークでやってみたいって、考えはじめた。それで、CGなんかじゃ、なくて、実物を前にしたかったので、ヘッドモデルを造形作家のCOOL KENと一緒に、早くからセッションを始めた。オレが見た、その夢は……、「ダミー・ヘッドがガラスケースの中にあるんだけれども、ギターのシールドみたいなモノが装着されてて……、眼のある位置に引き出しがあって……、いろんな言語が……、ボロボロと出て来た……、そいつが、大して意味ない言葉で……、そいつを溢《こぼ》すと……、今度はダミー・ヘッドが、ボロボロと、壊れていく、壊れていく……」って、なんか、奇妙なヴィジョンだったから……、（頭蓋骨を割っちゃった、恐怖心から、かも……?）ともかく。具体的なビジュアルにするからには……、結構、COOL KENとのミーティングには時間を使った。細部まで、ヴィジョンを固めて、撮影したアルバム『SEXY STREAM LINER』のアート・ワークは……、多分、初めて。オレの夢日記を、そのままカタチにしたものになった。「じゃ、シールドの先端は、サメみたいなカタチだったら……、どうよ！」なんてIMAIのアイデアも、いただいた。いつもより順調に楽曲が出来て、余裕あるレコーディング……。そして、余裕あるアートワークの期間が、オレには用意されてた。夢で出会った、そのダミー・ヘッドの細部にわたるまで……、じっくりと、向かい合えた。レコード会社移籍したものの、ドタバタ感がない、リスタートだったのかも知れない。

この時期は、『BUCK-TICK』リスタートのためのアートワークに、その、ほとんどの時間を費やしたが。友人でもある、サッカー日本代表・岡野雅行が、戦う！ワールドカップ・アジア予選にも、東京国立競技場での試合には、『J』やカメラマンの『MASA』。ラッパーの『RINO』なんかと、出かけては、客席からダイレクトに応援した。初めてのワールドカップ出場を懸けて戦う男たちにも、勇気を、いっぱいもらった。凄まじい忙しさでは、あるが、サッカー日本代表戦は、ぜったいに時間を割いていたなぁ……。チケットが、いつも手に入ったことも、ラッキーであるが……。

みんなで部屋呑みしながらサッカー観戦中の『BUCK-TICK』U－TAからも、よく興奮気味で、携帯にスタジアムのオレたちに、電話もらってた……、毎回、毎回……、「国立、盛り上がってるぅ？　ワクワクするねぇ！　勝てっかなぁ、今日？」なんて……（笑）。

★　★　★

　その後、『BUCK-TICK』は１９９８年から始まるTOUR「SEXTREAM LINER」の前哨戦として、12/26+27に、TOUR「SEXTREAM LINER（零型）」を日本武道館にて行った。また、１９９８年頭に発売されるリミックス・マキシ・シングル『囁き』＋アナログ盤『LTD』のジャケット制作にも、取りかかっていた。『SEXY STREAM LINER』のアート・ワークの延長で、ダミー・ヘッドの眼の位置にあった引き出しをなくして、アイ・コンタクトをしてるヴィジョン……、囁きを、ダミー・ヘッドが感じてる様を、表現した……。それも、世間がバタバタしてる１９９７年の暮れ、12/30+31で撮影したような思い出が、ある。年末年始も、ない。

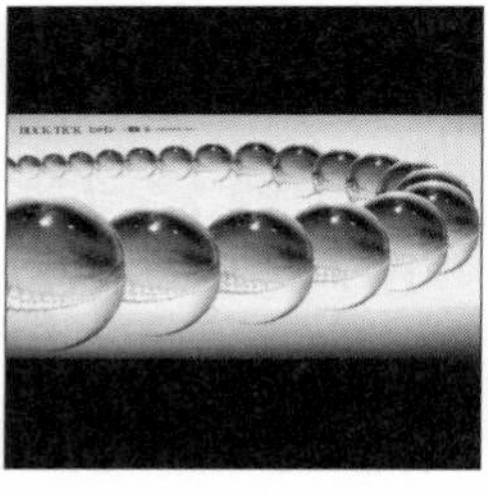

オレにとって忘れちゃならない、「dead start」……。

『BUCK-TICK』
シングル『月世界』

1998年『BUCK-TICK』は、年頭からエネルギッシュに動き出していた。1月。シングル『囁き』のクリップを撮影、その場所で、既にニュー・シングル『月世界』のジャケット・アイデアを考えていた。これも、オレの夢の中に登場したヴィジョンだった。誰もいなくなった、その世界は、どこなんだろう……、ともかく、オレは独りになってガムシャラに泳いでた……、誰かを探すように……。そこには、極彩色に輝く、巨大で、見たことのない美しさの……、手のひらが、天を突き刺すように、オレを呼んでいた。そいつを、どうやったら、写真に出来るのか？　とにかく、写真のリアリティが……どうやったら……なんて考えてた。『囁き』のクリップ撮影は、明け方まで、かかった。

『ザ・ハイロウズ』アルバム『ロブスター』

10年ぶりの再会となった出来事。1988年、彼らが『THE BLUE HEARTS』時代に、『ブルーハーツのテーマ』『チェルノブイリ』ツアーパンフレットやPOSTERやカレンダーの仕事をやって以来……、そう、『ザ・ハイロウズ』のニュー・プロジェクトにアートディレクターとして誘われたのです。ヒロトやマーシー。何度かの新宿LOFTでのライブ・イベントでは、顔を合わせているものの……。ほんと、久々の再会になった。レコード会社や、レコーディング・スタジオで何度かミーティングをかさねて……、シングル『千年メダル』シングル『真夜中のレーザーガン／アウトドア派』や、アルバム『ロブスター』のジャケットデザイン。そして、「Tour 1998『メイン・ロブスター'98』におけるグラフィックワークをやること、と、なった。お互い照れもあったが、『ザ・ハイロウズ』のメンバーは、みんな本当に素直に！オレなんかが考えるグラフィック・ワークを楽しんでくれるスタンスだった。まずは、新しいアーティスト写真の撮影だ。カメラマンはもちろん、1988年の『THE BLUE HEARTS』のパンフレット。『SCHAFT』でのLIVE撮影で、一緒に仕事をした『有賀幹

夫』。浅草の花やしきに「日曜」を楽しむよ！　よろしく！　感覚で、お出かけして、遊園地でアトラクションを楽しみながら、撮影した。何やってんだか、大人とは思えないくらいの、はしゃぎッぷり！！！　帰りには、浅草でのライブの後とか食事した、例のレストランで、ビールをグビグビやっては……、尊敬するロック・アーティストの話や、自分たちのルーツ・ロック話、懐かしのプロモビデオ話でワイのワイの！　当たり前のごとく、盛り上がった。10年どころか、20年ぶりに再会したガキの頃の仲間みてぇ〜！　実に、子供っぽい大人！　集団では、ある。そんな、感じでスタートした。冬だけど、日ざしの暖かい。なんとも、「青空」を連れてくるバンドだ……。

ジャケットデザインには、イラストがいいなぁ〜って、みんな考えていて……。『ザ・ハイロウズ』のメンバーのアイデアで、『松本人志』に依頼することと、なった。こちらも、楽しみである。『ザ・ハイロウズ』を、松ちゃんの「一人ごっつ」のオダイ！　にしたみたいで……。どんな、「絵」で解答されるのか？

笑えるロブスターが、いっぱい生まれたらいいなぁ〜！　なんて……。

ピエール瀧はお墓に入れて、ザ・ハイロウズのアルバムのイラストは松本人志に描いてもらう。笑いながらパンクする。

ロックは、笑いとの親和性が高い。サカグチケンは、笑いのことがよくわかっている。ソーシャルにアップされているあいつの写真や自撮りを見ると、キメまくったポーズに眉間にシワみたいなのが定番になっているが、ほんとうは、笑顔の人のような気がする。ラブとピースのサカグチには、笑顔が似合う。だからなのか、笑いに対するセンサーの働き方が特異だ。

電気グルーヴとサカグチケンが対峙する。そうすると、ピエール瀧をお墓に入れてしまったりする。石野卓球を電信柱、マリンをポスト、被り物を身に着けさせてアー写を撮ってしまう。ピエール瀧のノリがそれにドライブを掛ける。一歩間違えるとコミックバンドみたいな見え方なのに、音はバリバリの先端のマジの音。そのギャップを笑う。若いミュージシャンにもリスペクトされる彼らをサカグチケンはいじりたおす。特撮変身ヒーローものの、怪人のように、お菓子のおまけの怪人カードのようにして遊んでしまう。

それは、サカグチケンの高校時代の音楽体験にもよるところが大きい。YMO、シーナ&ザ・ロケッツも大好きだったという。坂本龍一がLUNA SEAのSUGIZOレコーディングに参加したときも気分はアガった。そして桑原茂一、小林克也、伊武雅刀らが声で暗躍するスネークマンショーに腹を抱えて笑ったガキの頃の記憶が、ロックをデザインする男の遺伝子にも刷り込まれている。

甲本ヒロトとマーシーのザ・ハイロウズのデザインのときにも、サカグチケンのその遺伝子は怪しく蠢《うごめ》く。

イラストレーターは、ダウンタウンの松本人志にオファーをする。ザ・ハイロウズと松本人志。ロックとお笑い。まったく接点がなさそうなヒロトと松本は、公私ともにとても仲が良い。ヒロトのつくった「日曜日よりの使者」は、当時、テレビでオン・エアされていた人気番組「ダウンタウンのごっつええ感じ」へのオマージュだ。ザ・ハイロウズの「ロブスター」というアルバムの、あの赤い奇妙な形のロブスターのイラストは、松本人志が描いている。

ヒロトたちに妙なロブスターみたいな衣装を着せて街を練り歩く。そんなアートディレクションもサカグチケンの手によるものだ。

白地のど真ん中にレイアウトされた、あのまん丸い赤いロブスターのアルバムジャケットには、国旗の、日の丸のニュアンスをサカグチケンは忍ばせる。サカグチケンのパンク魂が、こっそり炸裂している名盤となった。

（佐倉康彦）

何億もの星！　と挨拶しながら、
葉巻きとバーボンで、長い夜と、おつき合いしたんだ。

『ザ・ハイロウズ』
Tour 1998『メイン・ロブスター'98』

L．A．から戻った翌日には、さっそく『ザ・ハイロウズ』のTour 1998『メイン・ロブスター'98』におけるグラフィックワークがスタート。『松本人志』に依頼したイラストも仕上がってきた。……まさに、この曲！！！　じゃん！　そーじゃん！　ってかんじ。……松ちゃん画伯は、素晴らしい。シングル『千年メダル』や『真夜中のレーザーガン／アウトドア派』は、その中から、素直に、すんなりハマったのだ！　で、アルバム『ロブスター』のジャケットになるべくして描かれた、かのような……、なんとも不思議に、新しい国旗にも見えちゃいそうな……、ロブスター!!　の誕生!!　でした。『ザ・ハイロウズ』のメンバー全員！　拍手！！！　をもって、お迎えしました。Tour 1998『メイン・ロブスター'98』パンフレットのためのシューティング！　その1！　これも、メンバーのアイデアで、その昔、行ったことある巨大な、室内プールを持つ常夏のハワイアン・リゾート・ホテルの中で、スタートした。……なんとも、笑える、スタイリング！　は、全員で紅白のシマシマ着て……、ロブスターに乗って……、なんて、まぁ、パンフレット見た方が……、イイから。説明できないくらい、ハッピーになる！　そう、ハッピーに！　ハッピーに！　SO！　HAPPY！　なんです。撮影してたら、そのカッコ良さ！　に。ちょうど仕事で来ていたハワイアン・ダンサーズのおねえさんたちに、捕まっちゃってサインを求められてるのが、おっかしかった。だって、両軍団とも、非日常の世界なんだから……。ともかく、メンバーのシューティング！　その1！　は無事に、終了したのだった。

「start」って何だろう。生きてゆける勇気だから？

『DJ KRUSH』アルバム『覚醒』

7月。『DJ KRUSH』の新しい道のSTART！ とも、いうべきニューアルバム『覚醒』のジャケット・デザインだ。1994年に、日本人で、ただ独り……イングランドのMO'WAXと契約し、それどころか、U．K．とアメリカに、彼にしか奏でられない「DJ KRUSH流！オリジナル！ヒップホップ」ってヤツ！ をまき散らし！ 孤高の戦いを続けている……まさに、日本代表の男の、さらなる、ステージだ。94年から97年の代表曲を、自らの手でメガミックスしたアルバム『HOLONIC THE SELF-MEGAMIX』をリリースした、その、次！ のスタートに、ふさわしいサウンドとタイトルが用意されていた。オレは、真っ白な世界から、まさに生まれるかのごとき、『DJ KRUSH』の音を……、そのまま「絵」

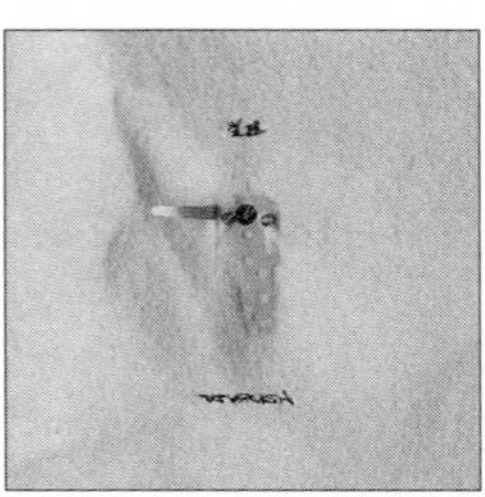

にした。同時にMO'WAXと契約しリリースした94年のアルバム『Strictly Tuurntabilized』の国内盤のジャケット・デザインも、その、表現された鼓動に負けないように……。

ただ……ただ……長く続いてる一つ叩いた！　命！　だ！

『ザ・ハイロウズ』シングル『ローリング・ジェット・サンダー』

『ザ・ハイロウズ』の Tour 1998『メイン・ロブスター'98』こちらも、元気なエネルギー溢れる、パワフル！　フリーキー！　ポジティヴ！　な最高に輝けるガキの心くすぐるパフォーマンスをもって、全国を巡っていた。渋谷公会堂を訪ね、また、また、ザ・ハイロウズ・パワーを頂いた。もう！　スキップしたくなるし！　歌いたい！　ハープやりてエ！　で、もって新曲のシングルカットも決まった！『ローリング・ジェット・サンダー』だぁ！　削ぎ落とすだけ、削ぎ落とした！　彼らのシンプルで力強い！　ロックナンバーだ！　なんか、久々にシルクスクリーンやりたくなってさ。オレなんかが、中学の時、衝動的にジャケ買いした、アンディ・ウォーホルが手掛けた THE ROLING STONES のジャケット！

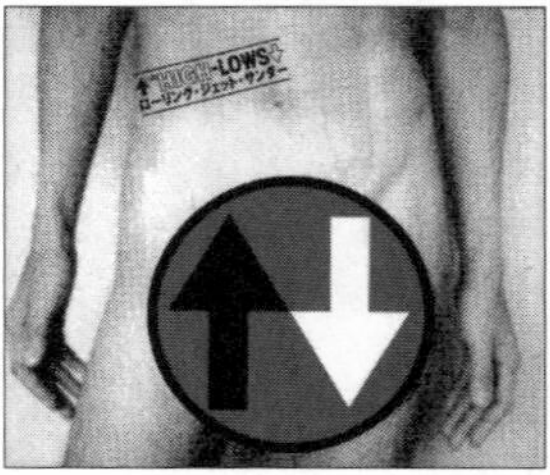

そう［レコードのジャケットを作る人］になる一つのきっかけになったヤツを！　ここでは、パロッちゃえ！　なんて直感で！　またシルクスクリーンの作品を作った。モデルは、もちろん！　ヒロトくん！　ツアー先のＨＯＴＥＬまで追っかけて！　やりました！　やりました！　ラフを描くんじゃなくて、オレが、まずモデルでポラロイド撮影してさ。

ホント！　アナログ盤でリリースしたいなぁ……って！　今だ！！！　原画は大切だ！　が！　やっぱり！　アナログ盤のサイズっていいよなぁ……、って考えさせられた表現だった。デスクトップじゃ、出来ないアート！！！！

汗かかない、肉体虐《いじ》めない、デザイン表現にシフトしてっちゃうのって！　イヤだなぁ……、って……！！！

全身も全魂もタップリ込めた音楽に、手先や、ＰＣの中だけで簡単にやってしまうのって……、絶対つまんないなぁ……、って。

表現に向かう前に、襲う、生きる恐怖と。死ぬ恐怖。そのハイ！　アンド！　ロウ！

『Rockin' Communication SHINJYKU LOFT』

1999年。新宿LOFTが、その通い慣れた西新宿から、新宿歌舞伎町コマ劇場の横に移転して！　また4月、零からのスタートとなった。『Rockin' Communication SHINJYKU LOFT』オープンにおける インフォメーションのフライヤーを依頼されることと、なったんだ。店長の、小林シゲさんから、そして兄貴として慕った『ARB』の石橋凌さんに、アドバイスを受けた。新宿LOFTってライブハウスは『ARB』にも歌われた。時代を代表する、東京を代表する場所だ。この仕事を勝ち得るまでは、もう！　あこがれの!!　場所だから！！！　オレ自身が育った場所って言い方をしても、いい場所と、時間だった。

1987年前後から、『アナーキー』のシゲルにさそわれて（オレが進んで行ってたけど）新宿LOFTには、チョロチョロ顔だすよーになって……、ゲストで入れる時は、コンビニの隣の階段から、ストレートで楽屋入って、もう、リハーサルの音出しから、居たよーな感じ。スタッフとも、打ち解けて喋れるようになったからね。LIVE終わってからも、LOFTに居座ってシゲルの友達の、いろんなミュージシャンとも、呑みの席でいっぱい知り合った。朝まで呑んで騒いで、肉体から魂を解放して、さまざまなセッションを楽しんだ。まっ、それは、そうと、なんでデザインやる人間が！　って、思う人が大半だろうが、オレは、ここ！　この店から出ていく！　育っていく音楽や魂とコラボレーションするために、生きてる！　って！　感じを、確かにキャッチしてた。同世代のバンドたちとガッチリ組んでROCKをメジャーにしてやるんだ！　もっと！　弟分や妹分に勇気を与えなきゃ！　パンクロックが世界をひっくり返したように!!　この国のROCKが歌謡曲を押さえてメジャーになる！　そう、思いながら、チャンスを探して通いつめてたのだ、多分……。なにしろ、その音楽を作ってる人間を、知らなきゃ、デザイン表現なんて、軽く出来っこないから、ね。

……あらためて、その場所・西新宿の新宿LOFTに立った1999年の年頭。

その西新宿から、お別れする場所に染み込んだすべての、音楽や！　魂！　を感じ、涙が出た。流れた。リスタートする年だ！　音楽とコラボレートして、みんなを楽しませるんだ！　サカグチケンは、これをやるために、この星に誕生したんだから！

涙が出た。ってのは、急激な都市開発によって、音楽や！　魂！　が染み込んだ、その場所が取り上げられちゃうから、かも。世界中のライブハウスは、歴史を刻んだ老舗は、しっかりと、その年輪を刻んでるのになぁ……。

『THE MAD CAPSULE MARKET'S』アルバム『OSC-DIS（OSCILLATOR IN DISTORTION）』

『THE MAD CAPSULE MARKET'S』が、重量感ある歪みノイジー＋タフ世界代表ＴＨＥ ＲＯＣＫ ＢＡＮＤにふさわしいアルバムを完成させた。

オレが、ビデオクリップの監督した『MIDI SURF』を含むアルバム『OSC-DIS（OSCILLATOR IN DISTORTION）』の登場だ。そのバンド名も、『THE MAD CAPSULE MARKET'S』。まさに、始める。リスタートする。未来を、確実に見据えた、宇宙人か！　オメェらは！　ってくらいの！　急進的！　先端ファーイースト・ベイビーズ！　なのである。確実に、彼らは、増殖していくMADの子供たちの、次へのステップを提示した。ここで、秋から、１９９９年の暮れに向かって、２本のビデオクリップの監督依頼があった。この、リスタートにふさわしいビデオクリップには、もう既に『THE MAD CAPSULE MARKET'S』のイメージも確固たるモノを感じてた。RESTART！　EVERYONE！

オープニングを飾る『TRIBE』。そして『GOOD GIRL～Dedicated to bride 20 years after～』。この2曲に、向かった。『TRIBE』は、その時期オレが真剣に感じ始めてた「光」ってモノを、CGの上で、どう表現するか？　そこに頭を絞った。生と死は永遠に続いてるっていう大切なこと。そして、この種族はLOOP。なんどでも、繰り返す。繰り返す。繰り返す。だけども、二度と同じ瞬間ってモノは、ない。って重要なこと。流されないってこと。人生って、ただ繰り返しだって思ってツマラなく生きちゃってる魂にヒントっていうか、キッカケっていうか、チャンスの希望を、肉眼でも、見せたいってこと。未だ、誰も行ったことのない星の大気圏に突入してくような、風も吹いてそうな……。光を越えてく……、繰り返さない。繰り返さない。繰り返さない。繰り返さない。繰り返さない。繰り返さない。LOOPのようでLOOPじゃない。この種族は先端的LOOP。オープニングのCGからして……、オレなりのメッセージを込めて制作した。そして、メンバーの演奏シーンは、これまでの、カメラマンサイドのMADのビデオクリップには、なくては考えられなかったアクティヴな動き。そいつを、思いきってカットしちゃう！ってこととした。つまり……、すべて、マシーンによって制御されたカメラワークなのである。クレーンが、レールの上を、ただ無表情に動き始める。ここでは、逆に4人の演奏の力強さが、さらに、強調されたことに驚かされた。完璧にカメラワークやカットイン＋アウトにルール性を持たしちゃうってことで、他の多くのビデオクリップとは、一線を画すものとなった。ライティングも、限り無きシンプル世界。誤魔化さない自信に溢れたＢＡＮＤだから、可能にしたモノだと思える。『GOOD GIRL ~Dedicated to bride 20 years after~』。ここには、『THE MAD CAPSULE MARKET'S』の愛。それを、強く感じる。彼らが死守したい宝物。うん、未来の、20年30年40年後の献身的な花嫁。そう、輝ける未来に向かう、すべての女性に対する愛だ。このビデオクリップのほとんどは、メンバーや、スタッフたちが、自身の愛すべき女性のスナップを山ほど、撮影することが、スタートだった。この自然な、邪魔のない距離のスナップは、どれも、とびきり輝いてた。正直なカットの連続。そして、セットで組み立てた部屋は、どこまでも、高く、広く、眩しい部屋を用意することにした。太陽の眩しいイエロールーム。演奏するメンバーたちも、無垢な子供に見えちゃうくらい。クリーンで。暖かくって。いつまでも、のんびりしたい。生命力をいっぱいプレゼントしてくれる部屋。そう、ハチ植えの木が、1日で、見上げるくらいの大木に成長しちゃう。……そんな、いつも日当たりのいい空間。今まで、オレがここまで、毒なく悪戯心もなく……、素直に、ピースでハッピーな気分で、向かった時間も、なかった。

ここでも、多くの人から、世の中から、出来事から、教えられた、はずだ。

破滅への美学への決別。これからは、バイ！　バイ！　バイ！　グッド！　バイ！

第3章

2000年－2022年

すべての、個が、宇宙で、
独特の鼓動を、刻んでいる。

『BUCK-TICK』
アルバム『ONE LIFE, ONE DEATH』

2000年。『BUCK-TICK』は、マーキュリーを離れ、BMGファンハウスに移籍が決定した。もう、すべてが、新しい扉を、宇宙のドアを開くかのように、転がり始めてるのを、実感した。移籍第一弾シングル『GLAMOROUS』を聴きながら、瞳閉じてると、なんだか、見たことのないカーニバルの夢を見た。とにかく、なんだろ、これ！　ってくらい極彩色のカーニバル！　で、ギラギラ！　こりゃ、現実に撮影とか、出来るような表現じゃ、ダメなんだって直感で。世界中のカーニバルの写真のリサーチからスタートしたが、また、自身の夢を思い浮かべながら、合成しながら、その光の中に、確かに存在した、女神を、具現化していった。蛍光色、極彩色、眩しい光の中に、ただ、まっすぐな視線で進んでいった。幻を、現代のヤリ方で、見えるグラフィックに。また、オリジナルアルバムとしては、約3年振りのアルバムの制作に向かう『BUCK-TICK』。アーティスト写真の方向も、この時点では、零だから、ありのまま、そのまま、素のままってイメージにした。8×10の大型カメラで、一発撮影。白バックに、5人が、ただ、まっすぐな視線でスクッと立つ。それだけだ。また、次世紀の『BUCK-TICK』に生まれ変わるような、宣言にも感じる、ストレートなアーティスト写真だった。9月発売に向かって、どんどん上がってくるデモトラックスを聴きながら、イメージしたこと……。なんだか、その頃「モナリザ・オーヴァードライヴ」ってキーワードが上がってて……。アルバム『Six/Nine』の頃、コラボレートした現代美術作家で、「ロバート・ロンゴ Robert Longo」の作品に、確か「サムライ・オーヴァードライヴ」って作品があったなぁ……、って、ドイツの輸入本、引っ張り出してきて……。そう、日本では映画監督としての方が有名かも知れないロバート・ロンゴ。北野武さんや、キアヌ・リーブスをフィーチャーした、ウィリアム・ギブスン原作・脚本による映画「J．M．(ジョニー・メモニック)」って、あるんだけど……。まぁ、オレが20歳の時に初めて行って……、NEW YORK MoMA(近代美術館)。5番街のアソコ！で見つけて、大好きになった！　たくさんの問題作を発表している、れっき

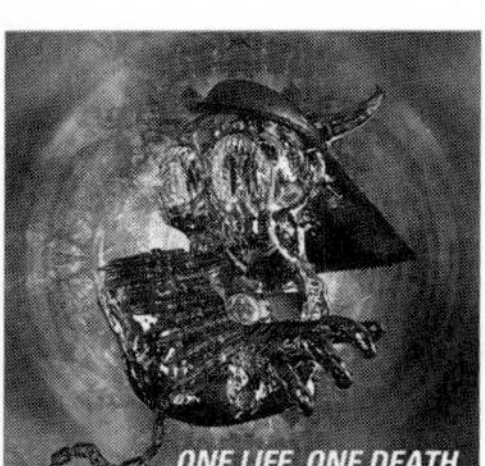

とした現代美術作家なの、ね。また、ひさびさにコラボレートしてみたくなって……！が、しかし！「サムライ・オーヴァードライヴ」よりもカッコイイ！　素晴らしい作品を発見しちゃったのです！　また！　必然的に！　All You Zombies（Truth Before God）って1986年の作品。そこに、アメリカの抱える社会問題を問いかける、姿勢と、なんだろう、日本の兜のイメージと、新しい声明！……いや、もう、これも、直感！　さっそく1995年以来、再度のコラボレートが、始まった。『Six/Nine』以来、だから……、もう、ひさびさ！　オリジナルアルバム誕生に向かって、『BUCK-TICK』そして、新生スタッフも、一同に、走り始めた。一度生まれて、一度死ぬ、たった一度、一度死ぬ。アルバム『ONE LIFE, ONE DEATH』。のっけから、ダンサブルであり、鼓動が跳ねてくる。挑発するかのように、ポジティヴで、タフな生命力を持って、その怪物は、産み落とされようとしていた。オレも、ロバート・ロンゴの作品をただ、3Dグラフィック化することじゃ、なく、オレなりのメッセージを、そこに込めて、毎晩スタジオに通いつめては、『ONE LIFE, ONE DEATH』って幻の怪物に生命を、注いだ。楽しくて、楽しくて……、時間が、もっと、もっと、欲しいよ〜って！　わがままも、言って。ブックレットには、メンバー写真は、ワンカットのみにして、初回盤のために、Original Photo Booklet も作りたくて。……

ジャケット用に制作したオレなりの生命のグラフィックをメンバーの身体に写し出して。また、怪物の胎内にいるようなメンバーを。などと、コンセプトをもって、ミニ写真集をプレゼントすることも出来た。

『ONE LIFE, ONE DEATH』を抱え、ひさびさの全国ホールツアー「PHANTOM TOUR」スタンディングツアー「OTHER PHANTOM TOUR」も始まった。10月には、メンバーの地元、群馬音楽センターに遊びにいって、1996年のキャンプ三昧だった時に一緒だった、メンバーの地元仲間たち（個性派ぞろい!）一同！　や、メンバーの家族とも、再会ができて、楽しくて、楽しくて。やっぱ、待ち望んでたライブだったたし、新作をアッケラーンと、解き放つ！　5人は、やっぱり！　革新的で！　不変的に！　不死身に！　ヤッパ！　カッコイイ!!　感動は、終わりが、なくて、永遠で……、朝まで、永遠に、ひさびさに呑み明かして……、最後は、ホテルの部屋呑みにまで、突入!!　最後は……、また、また……、記憶が、なくて……。マネージャー・千葉くんの部屋のソファーで、そのまま寝ちゃって、酔っぱらってハイ！　ハ〜イ！　のまま！　東京帰りの新幹線に乗ったなぁ……。で、その週末。今度は、オレの地元、高松。高松市民会館での公演と、里帰りで、また、飛行機に飛び乗った。またまた、地元でのステージを楽しんで。打ち上げでは、オレの高校時代の友人が経営する呑み屋まで、紹介しちゃったりして……。まったく実家は、田舎宿……、みたいなカンジで、ゆっくりもしないで……。(この親不孝モノが！　って、今になって反省してる……。)

『OBLIVION DUST』

『OBLIVION DUST』。いろいろな国で、通用しちゃうバンドが、元気な、産声をあげようとしてんだぁ！　って！　すぐ、CDもらってね。そのメンバーKAZや、TAKA、KEN、RIKIJI、その後加わるthe space cowboysのFURUTONとも、行きつけのMONちゃんBar.RALLYとか、コンサートの打ち上げで、知り合ったんだ。でも、まぁ、なんで、ここまで、みんな個性的で、バラッバラッな強い印象をもった4人が……、ここまで、超個性的なバンドやってんだろうってカンジ。それぞれ、と、オレ。別々に、会ってるカンジ。まっ、オレも、アナーキーで独り。ってイメージあるけど、ね。その分、オレも、気をつかわなくて、それぞれ、と、オレ。別々に、楽しんでた。で、縁あって、オレが、彼らのアートワークをやることになった！　10thシングル『FOREVER』＋ビデオ『OBLIVION DUST THE VIDEO』からスタートした。これも、音源もらって、彼ら4

人からは、「もう！　ケンがイメージするように泳いで！　自由に表現してよ〜！　フリーキーなスタンスで！」って。そんなプロジェクト参加だった印象。だから、会議をして、とか、誰かと、トコトン詰めてって思い出が、まったくないのだ。オレが、サウンドのイメージを、絵にした。シンプルで、もしかしたら、もう一方で、カッコ良くて、素直なヤリ方だったかも知れない。『FOREVER』では、ボーカルのＫＥＮが見つめる未来への視線を。『OBLIVION DUST THE VIDEO』では、リニューアルしたロゴマークを。……続くシングル『DESIGNER FETUS』では、オレが思い浮かべる「時計じかけの胎児」ってヤツを。『BUTTERFLY HEAD』ジャケットデザインでも、また、わがまま言って。ピクチャーレーベルにしたり、みんな一緒の認識の象徴＝バーコードに「独創性のない」ってメッセージ込めたデザインをしちゃったり……。まぁ、いろいろと。このブックレットで表現してるメンバーのポートレイトにも、あちら側×こちら側ってイメージを感じるような表現にトライしてみた。逆にアーティスト写真は、それぞれ４人の演奏シーンを、撮影スタジオの中、大音量でやらかして、熱いヤツをスチール撮影してみた。ＮＯ ＲＥＧＲＥＴＳから幕をあ

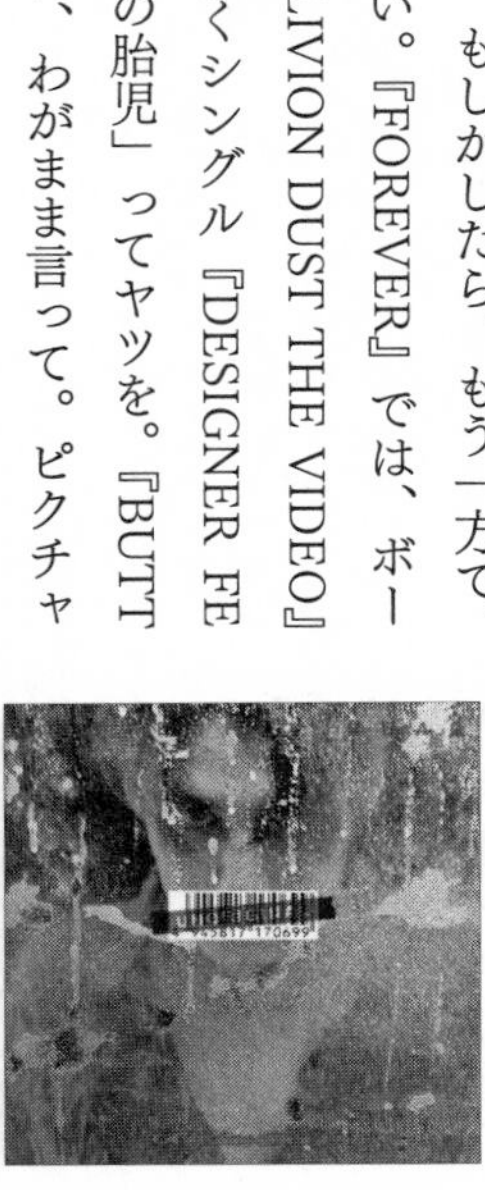

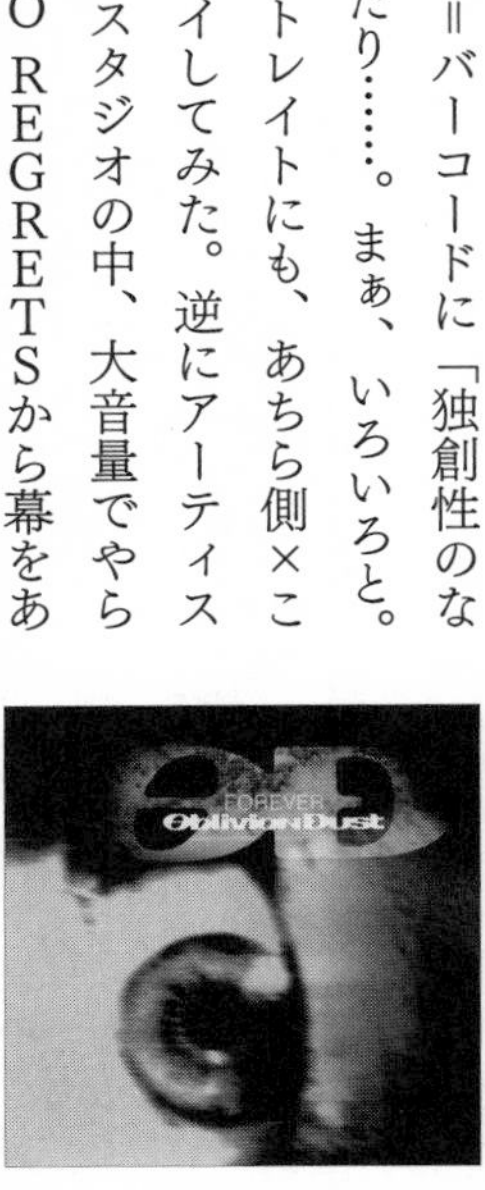

ける、この『OBLIVION DUST』の最新型アルバムは、KAZ、KEN、RIKIJI、FURUTON、4人の個性がオレの中でも、さらに、際立ったモノになった。世界中にドロップしちゃいたいよ〜って！　退廃しきった音楽界に！　届けたいなぁ〜って！

DJ KRUSH featuring ACO, TWIGY で産み落としたシングル『Tragicomic』も、ディープで魂の底に、刻まれたトラックだ。[悦びに咲く花][absolute ego]などのヒットで知られる歌姫ACOと、RINOと共に〝岐路〟でコラボレートしたヒップホップの最親衛TWIGYをフィーチャーした、なんとも……、う〜ん。宇宙だ。人間の〝悲喜劇〟をテーマに。なんとも……、う〜ん。宇宙だ。この魂の底に、響く音源をプレゼントされて、また、オレの中にあるイメージを、筆に、願い、思い、そのすべてを込めて、一気に描きはじめた。考えすぎないように、未来は……、『Tragicomic Krush self-remix』では、さらに、KRUSH色をより前面に押し出したリミックスに、アルバム[MEISO][MiLight][覚醒]からセレクトしてリ・マスタリングしたトラックが。青×赤。光×闇。悲喜。……何度、聴いても……ディープで、魂の底に、刻まれるトラックだ。DJ KRUSHと、ACO、TWIGY、の個が、この宇宙で、独特の鼓動を、刻んでいる。

『LUNA SEA』

『LUNA SEA』の『INORAN』『J』から、ESPからの自身のギター、ベースの広告キャンペーン。『INORAN』の撮影、実はウチのオフィスの会議室を使用してるの、ね。SIGNATURE MODEL ILP-00 流転は、通称「DRAGON」。オレの事務所の照明の部分を、まるで、ギター博物館の一部にしちゃおうよーってコトに、2人で盛り上がって。これから、デビューするギターなのに、なんだか、もう、長きにわたって戦ってきたヤツみたいに、飾ってやろうって。プレートなんかも、作ったり。でも、あれは、事務所の中……。

で、オレに、不思議な生き物、〝龍〟の絵を描いてよって、依頼があった。社寺の重要な建物の天井には、〝龍〟の絵が、よく描かれてる。オレなんかは、辰年生まれだったりするし。なんだか、幼少時に、祖父さんと一緒に絵を描いたり、モノ作ったりすることが、大好きだった……、そんな、思い出が、リアルにたくさん蘇ってきちゃった。裏山にオレを連れていっては、枝切りながら木を眺めて……、「あっ！　あそこに〝龍〟が居るゾッ！」なんてノコギリ出して、切り落とし、皮剝がして、ニスみたいな艶出しの塗料を塗ったら……、ホントに、〝龍〟になっちゃって、感動したことや。鉛筆を斜めにしたら、陰影がうまくデッサンで出せるよ、ってコトやら、遠近をうまく感じさせる絵の描き方やら……、いやぁ〜ともかく、祖父さんが、オレの絵の師匠だったからなぁ……。そんなコトを思い出しながら、「DRAGON」ギターのために、〝龍〟の絵を描くことに集中した。八方にらみの龍。鳴き龍。いろいろと、『INORAN』が持って来てくれた資料のお土産を、眺めながら、自分の干支でもある〝龍〟の絵を描いた。やっぱり、描く。ってコトは、快感だ！自分自身の独特の鼓動を、刻みつける行為だから、ね。いつの間にか、デザインの世界も、コンピュータの中だけの、同じエフェクトや、ツールによる表現ばかりに、頼ってしまってる……。この、なんだか、スピーディで、便利、しかし！　個性のない……、繰り返しには、乗っかりすぎるとヤバイ！　ヤバイ！　って！……、また、実感する自分が、そこに居て。筆に、願い、思い……。ダメなら、最初から、も一度、最初から、ってカンジで。〝龍〟の絵に向かった。描けば、描くほど、〝龍〟って不思議な生き物だよなぁって……。産まれた町に残ってた伝説の龍の話なんかまで……、思い出して。オレが産まれたのは、四国は香川県志度町《しど》（あのシド・ヴィシャスとは、何ら関係ないが……）。磁針器、発電機（エレキテル）、立体世界地図……など、数多くの発明の実績と、発明家、小説家、今でいうイベント総合プロデューサー……など、挙げればキリがないほど数多くの肩書きを持つ江戸時代のマルチ人間。平賀源内（1728〜1779）の生家の向かいだったの。その町は、昔は、「玉の裏」って呼ばれたらしいのだ。なんでも、海女さんが、海に住んでた？　らしい〝龍〟に、大切な宝もの？　金の玉？　を奪われたんだけども、勇気出して、戦って奪い返したって……、伝説が残る町だったなぁ……、かすかな記憶だけども、海女さんのお墓も、あったなぁ……って。

そんなわけで、オレが、魂込めて描いた「ＤＲＡＧＯＮ」です。また、あらためて、『INORAN』の SIGNATURE MODEL ILP-00 流転「ＤＲＡＧＯＮ」をチェックしてみてください。この身体、魂を込めて絵を描くって、ホント、最高の幸せだよ、ね！

ベロとくちびるより、目ン玉でしょ。いちばん強いでしょ。

藤沼伸一のアイデアをもとに、目玉のデザインができた。やっぱりストーンズのアイコンに勝ったと思った。楽勝だったとサカグチケンは、笑う。そういうインスピレーションのイグニッションはアーティストからも受ける。逆に、ビジュアルやデザインではなく、サカグチケンがアルバムのタイトルを決めたりもする。

アナーキーのマリの出所後、マリの髪の毛を金髪に戻したり、アップルギター・HS・アンダーソン・カスタム・ヒューストンのギターをマリに貸したり、サカグチケンのアナーキーとのコミットは濃密になっていく。まるでスタイリストのようにプロデュースしていく。のちに、そのマリに貸したギターはBUCK-TICKの今井寿の手に渡る。サカグチケンの言葉を借りると、貸してるということになる。また、全作品CD化のときには、サカグチケンが所有、保管していた全アルバムをレーベルに貸し出したりもしている。そんなサカグチケンが手と心を動かした「四月の海賊たち」のデザインが、あちこちでギョーカイで目を引くことになっていく。「アレハ、ナンダ?」となっていく。そのデザインを見て「アレ、ナニよ」というギョーカイの反応は、ある意味、ファンやリスナーではなく、ロックのアルバムに対するアンチテーゼとなっていった。

そしてそれが、サカグチケンにBUCK-TICKを呼び寄せることになる。

「センスがあるやつは、音楽やってもうまいのよ。BUCK-TICKの今井寿もシュールな絵を描くし、HOTEIのギターパターンも、HOTEIが酔っ払って描いたのが始まりだし、藤沼伸一も絵がめちゃくちゃうまい。その絵のうまさに高校生の時にすごい元気もらった」

ロックをデザインする男は、やたらとミュージシャンのヴィジュアルセンスに目を向ける。

サカグチケン自身も、LUNA SEAのINORANの「流転」というギターに木の素材感を活かしながら龍の絵を描いたことがある。過激なのにどこかやさしい。やわらかい。ロックとの向き合い方が、そんな絵のタッチやトーンに浮かび上がる。サカグチケンの手掛けた記念碑的な作品「四月の海賊たち」のデザイン。その瞳の中の老人の横顔には、やわらかな「生」への眼差しが表出していた。だから、とてつもなく強い。

(佐倉康彦)

衝動に駆られ暴走する自己表現は、
誰にも止められない。
スピード上げていくのだ！

Dope HEADz

ラッキーにもオレたちは、21世紀の幕開けを生きて向かえることができた恵まれた世代なんだ！　２００1年！　スタート！　新世紀に突入だ！『Dope HEADz』がＧＩＧを開催した！　PATA（X JAPAN）・HEATH（X JAPAN）・I.N.A.（ex. hide with Spread Beaver/zilch）・JO:YA の New Project『Dope HEADz』デビューにおけるアートディレクションは、まさに新しい音楽生命体の誕生にふさわしいモノとなった。『Dope くん』は、ＣＧなんかじゃ、なく。実際に撮影現場に現われてくれた。21世紀の幕開けにふさわしい！　時空を超えて降り立つ音楽生命体！　は！　新しい星に確実に誕生したのだ。メンバー4人も、『Dope くん』と一緒に、その新しい宇宙に登場した場面の撮影となった。シングル『GLOW』＋『TRUE LIES』そして、アルバム『PRIMITIVE IMPULSE』のアートワークは、思う存分、みんなを楽しませてくださいました。そのヴィジョンは、スタジオに潜伏しながら、メンバーたちとBARに潜伏しながら、グラス片手に膨らんでいったのでした。撮影スタジオの中を、まるで、新しい星の大地にしちゃおうよ～ってコトで！　産まれた音楽生命体よろしく！　PATAはビール片手に、現われたっけ……。(笑)『導腑新聞』ってのが、この世にバラまかれたのも、この頃だ。ウラ話も満載だったっけ……。撮影現場は、もう何星人だかわからない『導腑新聞』を愛読してるヤツラで溢れかえってたなぁ。健康的な笑いが溢れかえってた撮影現場が、21世紀の幕開けの仕事はじめ！　だった！

『BUCK-TICK』
シングル『21st Cherry Boy』

『SCHWEIN』から始まって、韓国でのＬＩＶＥ。そして『SCHWEIN』のＲＥＭＩＸ ＡＬＢＵＭの発売。って感じで、『BUCK-TICK』としてのリリースは、もう、ひさびさとなった18thMAXI『21st Cherry Boy』。極上のキラキラポップな、そのデモ・トラックを聴いて。正直、SCHWEINに染まりながら、また、SCHWEINのリミックス・アルバムのアートワークスを進めてた

オレは、ドギモ抜かれちゃったのです。ひッやぁ〜!! 『BUCK-TICK』のNEW ONE! ド! POP! キラキラ! ☆! そして、また、デモ・トラックを聴きながら、うたた寝しながら、見た夢が、口から眩しい光を放つ宇宙人さんでした。キラキラ眩しすぎるンだモン! で、もって撮影は、都内某所のタイムスリップしたよな、旧家。壁もキラキラにしちゃいたかったので、ペイントしたキャンバス地を持ち込んで。モデルも、モノホンの銀河人類MARILYNちゃん! メンバーも超友好関係の、気! で通じ合ってる宇宙人! 圧倒的な存在感でしょ! ひさびさのシングルは、これだ! ってくらいPOPキラキラ☆! 銀河人類MARILYNちゃん! は、空からキラキラ舞い降りて来たんですよ。ホントに! 都内某所に!

北海道から、登場し。BUCK-TICKの今井寿を、超リスペクトし続け、長きにわたって(そりゃ、今も、これからも変わらないけど……!) 永遠の呑み友達・奇才ギタリストのASAKIくんから、呑みのお誘いじゃ、なく! オレに、これから、誕生する『AGE OF PUNK』のビデオクリップ『FUCK TRACK』+『A O P』の監督依頼が、あった。…………ま・さ・か! って。これも、ドギモ抜かれちゃったのです。ひッやぁ〜!! ASAKIくんと、いえば、そのアートワークから、ビデオクリップも、自身で撮影・演出・編集までやってきた男。まさか、オレに依頼するなんて……。ムーヴィカメラマンもアレン・サロン。普段は、スチールの男をチョイスした。これも、逆にＡＳＡＫＩのドギモ抜いてやろっかなぁって。初めてのムーヴィへのトライ！　……アレンのドギモも、抜いちゃった！

オレのヴィジョンとしては………、オレが産まれる前60年代くらいの東京発！　前衛的＋挑戦的＋実験的な、自分自身がやってみたいアート・パフォーマンスを、役者根性抜群！　のＡＳＡＫＩに全部やっていただこうかなぁ、っと。それらのパフォーマンスを、これまた、ＰＶの中で、お伝えしてるキャスター……、コンサバなＴＶキャスターとは対極的な、おもしろおかしいＴＶキャスター役まで、ＡＳＡＫＩ本人にお願いした。ヘアスタイルもメイクも、３〜４スタイル。スタイリングも３〜４スタイル。まったくもって、ポジティヴな『AGE OF PUNK』ＡＳＡＫＩは、アッケラカ〜ンと、やっちゃってくださいました。あまりにも、そのシチュエーションと、現場で次々に出てくるアドリヴとアイデアで、とても、楽しいビデオクリップが誕生した。ＡＳＡＫＩ ＴＶキャスターが、お伝えしちゃってるニュースには、アレン・サロン。そしてスタイリストの八木ちゃんや、カメラクルーのヴィンセント。ニューカマーのデザイナーfrom これまた北海道の本間いずみちゃんまでも、登場している（笑）……何故、オンエアーされないのだ！　プンプン！　こんな！　イカシタ！　クリップなのにぃ……。って、今でも、思う。まったく色褪せないＰＯＰな、しかも、笑えちゃう。このクリップ！　発売はないものか？

松田優作さんとの2001年

松田優作さんの十三回忌に向けてさまざまなイベントが開催された。東京に移住した20歳の頃。アナーキーの兄貴たちと知り合い。そして仕事のスタッフとして迎えられた……。その頃……。まさか、ってくらいだが……。優作さんと同じ酒の席に居合わせたのだ。ちょうど、ハリウッド映画『BLACK RAIN』のクランクインの直前に、アナーキーのライブに遊びに来てたのだよ。オレは、小学生の頃『太陽にほえろ』でのジーパン刑事で登場してからの大ファンで、育った。あったり前だけど、その時は、鮮明に覚えてる。緊張しまくりだった。……「じゃ、行ってくるよ」って、その打ち上げの場から、帰ってく優作さんの後ろ姿が、もう、いつになっても、忘れられない。オレのオヤジが下関の港から、遠洋漁業で出航してく時のセリフと同じなんだもん。それくらい、あ～、今度の航海は、長いんだなぁって。そんなセリフ。留守番しっかりしなきゃ、って。小さな川が、流れてて、螢が、いっぱいな、夜の思い出。下関。幼少時のオレの記憶が……。やさしくオーヴァーラップする……。優作さんと組んでいたロックバンドEXのベーシスト・奈良敏博さんは、アナーキーの兄貴たちから、紹介されて周知の仲で。とても、素敵な兄貴なのだが。その奈良さんから、松田優作13回忌に贈る鎮魂歌『Play Song for 13th』でのアートワークと、ライブ・ペインティングを依頼された。正直、もう、こいつ、も。ドギモ抜かれちゃったのです。ひッやぁ〜!! 優作さんの古くからの友人で、TV「探偵物語」でも二代目イレズミ者などを演じた前田哲朗さんが、一緒にやって来るって。ひッやぁ〜!! どうしよう! ……が! オレの天命だ! 優作さんがいきなり帰って来て「サカグチケン!! ナニやってんだぁ!」って一喝されないよう! 心! して! 向かった! 呑みすぎちゃ、自身をどっかに忘れちゃってるオレ。「レディ・ジェーン」のマスターとか「ホワイト」のママからは、もう、ダメガキの烙印押されそうなオレですが。オレの天命だ! 心! して! 心して! さっそくチラシをっ! てコトで、映画「陽炎座」の優作さんの、ド! アップとF企画第四回公演「明日のない僕たちにセンチメンタルブルースを」より写真をお借りした。コンピュータ頼りの薄っぺらなデザイン表現にならないように、自身の中にある、デザイン表現で、前に進めるべくデザインした。まずは、奈良敏博さん+前田哲朗さん＋高橋ＣＡＺさん＋玉城亜弥さんの共演者に、喜んでいただいて……。長期遠洋航海中の優作さんの帰って来ても喜んでくれる顔を想像した。11月25日下北沢ＣＬＵＢ２５１に帰って来る。もう、夢中だった。当日は、開場と同時に奈良さんたちと、オレは、何にも決めごとなく、新しい時間に、精神と身体を解放しながら、宇宙から降りて来る音楽と、絵に、刻んでいった。松田美由紀さんの監修のもと、『松田優作展』のＰＯＳＴＥＲも制作することが、できた。……優作さんが、長期遠洋航海に出かけていったのが、オレが、急病で倒れちゃった39歳だなぁ。そう思うと、「サカグチケン!! ナニやってんだぁ！」って一喝されてるんだ。「イチから始めなさい！」って。

これからも変わらないスタンスを提示して、見せる。
それが、強力なグルーヴの進化系かも。

『BUCK-TICK』
シングル『極東より愛を込めて』
アルバム『極東 I LOVE YOU』

2001年の末。『BUCK-TICK』は、日本武道館公演『THE DAY IN QUESTION』の準備。そしてNEXTに向かっての撮影をしていた。メジャー・デビューからのVTR集『B-T PICTUE PRODUCT』。そしてコンプリートBOOK『WORDS by BUCK-TICK 1987-2002』におけるアートディレクションは、まさに、自身のアートワーク・コラボレートをも、振り返る節目となった。自分自身が、東京に定住し、また大好きな音楽とコラボレートやることとなった1987年。同世代にこの星に産まれ落ちたオレたちが、出会って……、数えきれないセッションをやってきた。大量に残されたプリントやポジ・ネガフィルムを前にして、15年・20年って年月の経過には、驚かされるモノがあった。メンバー・チェンジもなく、新作ごとに、そのサウンドを確実に進化させ続けてく。それは、アートワークでも、同様だった。新宿ＬＯＦＴの階段で、ガンと目立ってたＰＯＳＴＥＲの５人と会ってから……。ビクターのリハーサル・スタジオで眼が合って、お互い照れながら会って。いかに独自のスタンスを死守しながら、セッション続けられるか。それをテーマに掲げながらも、それは、どんな軌跡を残してきたのか。ストイックに、ストイックになって、振り返り……、ひとり悩んじゃおう。って考えた。まず『WORDS by BUCK-TICK 1987–2002』用の最新ＰＨＯＴＯセッションでは、『SEXUAL XXXXX!』でのアーティスト写真と、同様に独自の空気感を目指した。ライティングやモノトーンの衣裳 etc. できる限り近いセッティング。その中に、シンプルに変わらない強さを。『BUCK-TICK』の５人でしか立てない、独自の立ち方で撮影した。その写真を……、１９８７年のアーティスト写真の上に、素直に重ねるコト。そこから始まったデザインでは、大切に保存されていた膨大なカットの中から、どの写真をチョイスしていくか。そこにエネルギーの大半を費やした。それらの場面に、インタビューに、自身の感じたコトを重ねながら、まったく妥協しないで、ヤリタイ

ってコト、やってきたんだなぁ……って実感しながら。また、さらに、進化を、トライを。心に決めた仕事になった。ＶＴＲ集『B-T PICTUE PRODUCT』のためには、『THE DAY IN QUESTION』の日本武道館楽屋を、その撮影場所にチョイスすることにした。これまでにはない緊張感のカタマリを。人間から沸き上がるエナジーを。何とかしてポートレイトに残して見れないモノなのか？……そうだ。ライブに向かう瞬間。そして、また、エナジーをその全細胞から放出して帰ってくる瞬間。ここには、常に、肉眼にでも感じられる、モノ凄いモノを、オレは、見てきたんだ。そのエナジーに無駄を一切排除した撮影セッティングで。このエナジーの最新型こそが、このパッケージにはピシャリとくると実感したのだ。……ステージ撮影にも臨むカメラマンＭＡＳＡが、確実に、その瞬間を切り取った。まさに、強力なグルーヴの進化系ポートレイト。こんな撮影にトライしてくれる5人の魂に、素直に、感謝した。最新型のグルーヴ・ポートレイトにパッケージされた、膨大な映像作品『B-T PICTUE PRODUCT』。改めて、その映像作品を前に……、なんだか、いつも一緒に歩んできたから、時間経過は、あまり感じてなかったけれども、その成長してきた映像は、当たり前だけども、若かったんだなぁ。って振り返れる機会をくれた。……さらに、前向きに歩むための。大切な。

シングル『極東より愛を込めて』のジャケットデザインでは、オレは行かなかったけど……。年末の社員韓国旅行で、スタッフの子供が撮影したアジアの子供の写真が、なんだか可愛らしくて、素直に愛が見えて、さ。「イイじゃん、コレ！ コレッ！」って登場していただいた。続けて届けられた数々のデモ・トラックスは、なんだか、確実にポジティヴに向かってた。愛。希望。未来……。なんだか、輝かしいヤツラで溢れたんだから。ポンとイメージしたのは、きらめき。白。アルバム『極東 I LOVE YOU』ジャケットデザインでは、鏡のテイストを、その中心に置いた。キャッチーでポップ。そんなイメージの鏡をデザインすること・実際に作ることから始めた。見たことないようなカタチの鏡。まずは、その鏡のデザインと、具現化。そして、そこからは、アジアのどこかの荒涼とした大地に立つ5人。そこで、真新しい白の衣裳を着て、無表情で、ただ立ち尽くす。これが、オレが、表現したかった世界観。

彼らは、愛と希望を抱え tour 2002『WARP DAYS』に向かった。オレも、4月はいつもの……、BUCK-TICK の地元故郷帰りよろしく！ 群馬公演&オレの地元故郷帰りよろしく！ 高松公演。そして、生まれて初めての北海道は、札幌公演。こちらは、デザイナー from 北海道の本間いずみちゃんの案内のもと……。ハードなビッチチリ詰まったスケジュールにもかかわらず、楽しいのだから仕方ない。『WARP DAYS』笑いだらけのツアー参戦。毎度ながら、オバカさんのゴトシ=アルコール依存症だったオレは、ハプニングだらけで、ありました。まったく覚えちゃいない……。ライブとは、裏腹……、最低男だ。

膨大な時間と年月の経過に頭を巡らせながらも、その進化し続ける生命体『BUCK-TICK』……、その愛と勇気溢れるGIGも『WARP DAYS 20020616 BAY NK HALL』として、2002極東に産まれ、刻まれた。

まあトーキョーに行くことじゃねぇか。
火を吹くヤバいクルマに乗り込んだ。
血なんてつながってないから、
兄弟なんだ。

今井、櫻井、そしてサカグチケン。3人は、どこか同じポンコツグルマに乗り合わせてしまった相棒のような、ロックという暴れる命を懸命に一緒に運ぶ、そんな間柄だ。

では、サカグチケンにジャケットのデザインをすることを意識させ、初めてのジャケットをつくらせたアナーキーの仲野茂は、どんな存在なのか。

ロックをデザインする男に、最初に血を注いだ男はどうだったのか。

「シゲルは、やっぱり先輩だから、他の面子からしたら気を使っちゃうよね」とサカグチケンは言う。

ある意味、仲野はサカグチケンのすべてを知っている。あいつの空っぽだった燃料タンクを満タンにした張本人との出会いは、サカグチケンがまだ高校生の頃。高校時代からアナーキーと酒を呑んでいたというサカグチケンにとって、仲野は近すぎる存在なのかもしれない。

「まあトーキョーに行くことじゃねぇか」シゲルの言葉にサカグチケンは飛びつく。

ライブハウスの便所に隠れて仲野に直談判し、その後、THE ROCK BAND のセカンドアルバムのジャケットをオファーされた逸話や、新宿LOFTのイベント「THE COVER」のフライヤーを頼まれ、そこでサンハウスの柴山俊之や鮎川誠、頭脳警察の PANTA、忌野清志郎を目にし、サカグチケンの熱は沸点に達していく。

トーキョーに進撃したサカグチケンの自宅に仲野茂が、ほぼ、毎日、泊まり込む。入り浸って酒、酒、ロック、ロック、ロックの日々。サカグチケンのグループ展のためのアートを仲野茂につくらせる。仲野は、サカグチケンに多くのロッカーたちを紹介していく。ロックをデザインする男のエネルギーのようなものが、火薬が、つぎからつぎへとあいつのからだぜんぶに充塡されていく。

80年代の出会いから現在に至るまで、四十年近い時間が流れても、いつもサカグチケンのヒストリーのどこかに仲野茂はいる。

ロックという火を吹くポンコツグルマに乗り合わせた2人の相棒たち。今井、櫻井。そしてハンドルを握るのはサカグチケンだ。その火を吹くヤバい車を与えてくれたのが、仲野茂なのかもしれない。

サカグチケンは、年上の仲野をシゲルと呼び捨てにする。仲野もケンと呼ぶ。さん付けすると逆に怒られた。

「まあ兄弟みたいなもん」サカグチケンの口ぶりは、やはり身内を語るそれに近い。年齢などまったく関係なく、兄貴とか弟分という上下もない。そんなものは、2人には一切必要ない。お互いにじゃれ合い、嚙みつき、振り回し、傷だらけになりながら大きなひとつの石塊として転がっていく。弾けていく。

（佐倉康彦）

人生のとんでも、ない転機！
ほんとうに、ゼロに戻れって、
すべてがメッセージだと……、
自身に聞いてみる。

『THE COVER』

2003年。仲野茂（ANARCHY）プロデュースによる『THE COVER』のレコーディングがスタートした。このイベント『THE COVER』。1987年にオレが、産まれてはじめてロゴやフライヤーをデザインしたTHE ROCK BANDのイベントなんだ。16年ぶりに、オリジナル・ロゴを引っぱり出してきた。年頭から、ほぼ毎日、カメラマンのMASAと一緒に、レコーディングスタジオに通いつめて、参加アーティストのポートレイトすべての撮影を続けた。そして、痛快な集合写真を、完成させた。Vocalに、もちろん仲野茂（ANARCHY）・PANTA・柴山俊之。伊藤ふみお（KEMURI）、KENZI（KENZI & THE TRIPS）、中川敬（SOUL FLOWER UNION）、RYOJI（POTSHOT）、花田裕之（ex.THE ROO

STERZ）、稲田錠（G.D.FLICKERS）、大槻ケンジ（特撮）、トオル（マイナーリーグ）、井上篤（ニューロティカ）、TOSHI-LOW（BRAHMAN）。Guitarに藤沼伸一（ANARCHY）、花田裕之、NAOKI（SA）、KASUGA（ラフィンノーズ／DESSERT）、山口洋（HEATWAVE）、AKIO（BADFISH/ex.SNAIL RAMP）、坂元東（WRENCH）、内藤幸也（ARB）…。Bassには、寺岡伸芳（ANARCHY）、津田紀昭（KEMURI）、渡邊貢（PERSONZ）、YASUNORI TAKEI（MO'SOME TONEBENDER）、市川勝也（POTSHOT）、井上富雄（ex.THE ROOSTERZ）、岡本雅彦（アンジー）………。Drums、有松博（特撮／BADFISH）、小林雅之（POTSHOT）、高橋浩司（PEALOUT）、池畑潤二、KEITH（ARB）、アヒト イナザワ（ex.ナンバーガール）、名越藤丸（WRENCH/ANARCHY）、小林高夫（ex.ANARCHY）………。

このイベント『THE COVER』。ミュージシャンたちが自ら影響を受けたアーティストの曲や、一度やってみたかったという曲など、自分たちのバンドではやれない曲や、できない曲を楽しみながら、そして普段一緒にやることのないミュージシャンたちと一緒にセッションしてしまおうということから始まったもの。最初は、仲野茂（ANARCHY）・PANTA（頭脳警察）・柴山俊之（サンハウス）らが発起人となり、新宿ＬＯＦＴを拠点にして行われてきた。１９８８年には渋谷公会堂で『THE COVER SPECIAL』として、仲野茂ユニット・PANTAユニット・柴山俊之ユニットの3部構成で行われ、ゲストに、今は亡きジョニー・サンダース。そして、その後自らのRCサクセションでも『COVERS（カバーズ1988年リリース）』のアルバムを発表した忌野清志郎、かまやつひろし、鈴木慶一、石橋凌（ARB）、ちわきまゆみ、などを迎え、同年4月にはビクターより『THE COVER SPECIAL』のライブLP・CDが発売され、その時も、アルバムジャケットやフライヤーなんかをオレが手掛けてたんだけど……。まぁ、なんだか、THE ROCKとのアートでのコラボレイトを、自身の天職に決めた、オレなんかの原点に、戻されたような、年始だった。

『BUCK-TICK』
アルバム『Mona Lisa OVERDRIVE』

『BUCK-TICK』も2003年1月24日、スペシャルなメニューで……この日だけのシークレット・ギグを開催。ゲストも入れない……、ほんと、ラッキーなオーディエンスだけで盛り上がったステージをやっちゃった。そして。BUCK-TICKの作品を、すべて、再考するが、ごとし!!!　過去のリリース映像作品のDVD化に。「sabbat」2003 BOX。DVD「Climax Toge

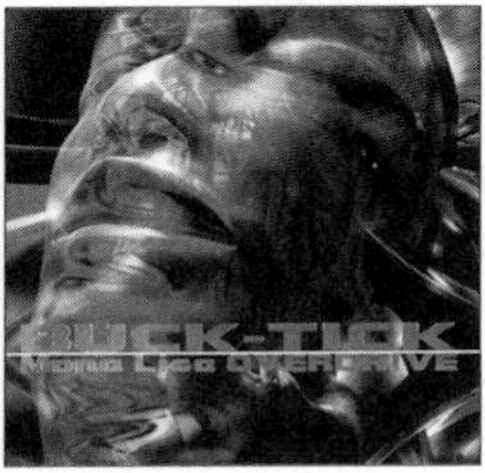

ther」2003BOX。のリリース。そして、シングル『残骸』のアートワークでは、画家(?)アーティスト(?)音楽家(?)……、ともかくジャンルを超えたD[di:]ちゃんと呑みの席! 以外でコラボレーションをやった。……これも、おもしろかった、ウン。アルバム『Mona Lisa OVERDRIVE』では、オレがデモ・トラックスを聞きながら、夢で見た映像を、具現化することにした。謎の微笑を浮かべた女性が……、なんて、レベルを遥かに超えた脳神経活動を酷使しすぎた女性を描いた。中枢の神経支配が、その表情すべてを暴走させて、顔の表面からも、抜け出してエラーを重ねてしまってる、恐怖か、堪能か、その限界点をオレのイメージでカタチにした。それでも、美しく、しなやかに……、それが、圧倒的な疾走感覚や、ヘビィな重量感……、ともかく。またまた、モノ凄いアルバムを産み落とせるのだから……、と信じて。しかし、これまた、オレの産み落としたアートワーク。一般には、気持ち悪い作品代表になっちゃったようだ……。難解かも、知れない。オレの、この、コワレかけた頭で、見た夢だから……。

BUCK-TICK「PICTURE PRODUCT II」。BOX。そして、セットされる豪華写真集すべてのアートディレクションをやった。それぞれが、充実した撮影ヴィジョン! アイデア! で! メンバー5人と、真剣に向かい合い代表的な作品を目指し! 超過密スケジユールの中、5人5様の表現に向かった！ ここでは、櫻井敦司。今井寿。星野英彦。樋口豊。ヤガミトール。そしてBUCK-TICK。5人と出会った頃の初期衝動のような感情を思いおこす。

父からもらった。
母からもらった。
ふたつの dead start は輝いている。
ロックをデザインする男は、
愛をデザインしている。

サカグチケンの父親は、遠洋漁業のひとだった。世界中の海を渡ってきた男だった。趣味が8ミリ。一年以上の長い遠洋の仕事が終わり、久しぶりに香川の家に帰ってくる。すると世界中の海の映像の映写会がはじまる。

見たこともない北極海が四国の志度の家に映し出される。その8ミリフィルムを通して映し出される光は、サカグチケンの映像に対する眼のようなものを、開かせたのかもしれない。

そしてあとは酒だ。世界中の土産と酒が溢れた家。BUCK-TICK の今井や櫻井も彼の父親と酒を酌み交わしている。誰もが父親のファンキーさに舌を巻く。「朝起きて、速攻でバーボンロック!! おまえのオヤジ、パンクだね」と。

実家の壁一面に飾られた酒。思いの詰まったそれをサカグチケンは、今も片付けられないでいる。

今は一滴も酒をやらないサカグチケンだが、父親の存在が初期衝動の頃のオソロシイ酒量の引き金になったことは、ほぼ間違いない。

サカグチケンのロックをデザインする男としての道程を、パンクな父親はどう思っていたのか。面と向かって何かを言われたことはない。東京でのサカグチケンの個展などを訪れたときは、ほんとうにうれしそうだったという。

その父親も、今は、もういない。

そして母。

サカグチケンの母は、志度の街の名物おばちゃんだった。駅前のスーパーで声を張って客をもてなす。まさに駅前の看板娘を地で通したひとだ。サカグチケンは、そんな威勢の良い母親と遠洋に出る海の男との間で育つ。

「もうお母さんも、お父さんもこえーから、早く家を抜け出したかった」そういうサカグチケンは、金のいい、給料のいいまっとうな会社を選ぶ。

「金が欲しかったね、自分でつかえる金が」早く一人暮らしがしたくてたまらないKISSとかセックス・ピストルズが大好きで、アナーキー命だった10代。そこから40年近い時間が経っていた。サカグチケンは、生まれ育った街。四国は香川の志度に戻る。

母親が大腿骨を骨折して歩けなくなったからだ。

NEW YORK ADC国際展に入選したサカグチケンのポスターを額装して家に飾り、それを毎日、四国で見つめていたひとが弱っていく。そんな母の姿をサカグチケンは、志度で見守った。

孫の顔を見たがっていた母のために、一生懸命子どもをもうけた。入院している病室に孫の写真を持っていき、開かなくなった母の瞼をサカグチケンが指で開いて、その成長ぶりを見せたりもしている。

サカグチケンの父親が逝ってからほぼ一年後、母は父を追うように逝く。よく働くひとだった。

母が逝った日、サカグチケンは、その死に立ち会うことができなかった。その日は、ライブハウスでサカグチケンと大島治彦のトークショーがあった。そのときもトークショーに赴く前に母の所によった。これからショーやってくるから。そう伝え病院をあとにした。「病院は抜け出せないから、トークショーを見に来たんじゃないかな」すべての大きな節目に、サカグチケンのロックは、転がり続ける。

ある日、父も母もいない部屋で、アナログ盤のレッチリのディランのカバー「ノッキン・オン・ヘブンズ・ドア」を聴いていた。そのときに天気が急変した。さっきまで晴れていたのに土砂降りの雨。サカグチケンは思わず落涙する。お母さんとお父さんが一緒になったと思った。悲しくてではない。嬉し泣きだった。

かけがえのない、ふたつの dead start が、サカグチケンの上で輝いていた。

（佐倉康彦）

まだ、なにもはじまっていないし。なにも終わっちゃいない。

アナーキー、THE ROCK BAND、仲野茂ＢＡＮＤ、藤沼伸一、舞士、hide、頭脳警察、PANTA、Ruby、Zi:LiE-YA、BUCK-TICK、Lucy、THE BLUE HEARTS、ザ・ハイロウズ、SION、THE STRUT、THE STREET BEATS、G.D.FLICKERS、横道坊主、ジョニー・サンダース、ジャネット・ジャクソン、三上博史、本城裕二、大橋秀行、崔洋一、江戸アケミ、マルコシ・アスバンプ、Rama Amoeba、割礼、山田かまち、THE MAD CAPSULE MARKET'S、BLOODY IMITATION SOCIETY、THE STAR CLUB、HIKAGE、吉川晃司、LUNA SEA、J、INORAN、SUGIZO、電気グルーヴ、下山淳、GALSS、Smiley & The Doctors、忌野清志郎、竹中直人、宇梶剛士、内野智、大久保了、大槻ケンヂ、本木雅弘、草彅剛、永瀬正敏、ZINGI、Ｇ・Ｂ・Ｈ、sham69、CHAOS U.K.、AZ、MAACHO、SU

NWAY、エマニュエル・ウォルシュ、MERCY KILLING、60/40、ルーク篁、DJ KRUSH、幻覚アレルギー、チキンダンサーズ、THE BARRETT、FUSE、MEGA 8 BALL、Galla.、THE WILLARD、ARB、石橋凌、中山美穂、永作博美、一条さゆり、RIKACO、市川準、LANCE OF THRILL、dj honda、DEEP、PUGS、MARILYN MANSON、Dr.StrengeLove、岡野雅行、La'cryma Christi、THE SLUT BANKS、土屋昌巳、Galla、Anna、HOT LEGS、月夜、VisioN、OBLIVION DUST、DopeHEADz、zilch、SCHWEIN、Youjeen、AGE OF PUNK、松田優作、松田美由紀、LANCE OF THRILL、MEGA 8 BALL、Waive、TOMOE SIZUKA & HAKUTOBO、CULT OF PERSONALITY、PIERROT、THE FOREVER YOUNG、NEARMISS、THE SALINGER、Bellets、Betty Blue、paint in watercolour、皆口裕子、もりちよこ、小川範子、PATA、Ra:IN、森雪之丞、岸谷五朗、清春、RIZE、heidi.、Lynch.、D'espairs Ray、UVERworld、spiv states、宙也、アレルギー、キャプテン・ジョー、REDMAN、広瀬"HEESEY"洋一、MUCC、TOYBEATS、T.REX、マーク・ボラン、De+LAX、ZELDA、大島治彦、DIE、ひめキュンフルーツ缶、TRISIGNAL、人間椅子、フィリップ・ディクソン、アントン・コービン、有賀幹夫、ハービー・山口、篠山紀信、荒木経惟、市川準、崔洋一、M・HASUI、ブルーノ・ダイアン、ニッキー・ケラー、ミッチ

ー池田、マーク東野、久留幸子……。

サカグチケンのマネージャーから渡されたあいつのこれまでのポートフォリオを眺める。300作品以上、もう、それだけでお腹いっぱいになる。目眩がする。なぜそこまでやるのか。やれるのか。異常な数だと思う。あいつが若い頃に嫉妬したアンディー・ウォーホルの作品より完璧に、多いんじゃね。その原動力を探りながらオンラインでインタビューする度に、その毒気に当てられてモーレツな、サ、カ、グ、チ、ケ、ン、酔、い、をする。乗り物酔いよりたちが悪い。どっと、ぐったり草臥《くたび》れる。

オフラインにしてインタビューの整理をしていて、ふと思った。実はインタビューの間にサカグチケンは、鋭利な金属製のストローを私の首筋に突き刺して、私の精気をチューチュー吸い取っていたのではないか。痺れたアタマでそんな事を考えた。とにかくあいつは、あいつのままだった。まったく変わってなかった。それがスゲーうれしかった。

20代前半、私は、ほんの数年だけ、サカグチケンの赫灼《かくしゃく》たる逆光を目の当たりにした。同じまっとうな会社のクリエイターというか職人として共に過ごした。そのときからあいつはスーパースターだった。一緒に年末のニューヨークのライブハウスでフィッシュボーンのヤバいライブを見たこともある。その頃から、あいつは、もうキテた。いっちゃってた。私などは置いてけぼりにして。

いつの間にかあいつは「ロックをデザインする男」への道をひた走って、私はフツーの広告屋の道をよちよちと歩くようになっていた。そんな私がサカグチケンの本に、ミョーな何本ものあとがきらしきものを、こうして、今、書いてる。ミョーな話だ。世の中というのは、齢を重ねるってのは、オソロシイな。

“dead starr”とサカグチケンが口にしだしたのは、90年のはじめころだと思う。もうその頃には、「ロックをデザインする男」という通り名もあった。あいつが事故で死にかけた96年より前の話だ。頭蓋骨骨折友の会は、今もある。

凄まじい人生だと思う。波瀾万丈ってのは、ものすごいうねりの中で浮き沈みが激しくて劇的な様子のことだと思うけれど、サカグチケン自身がものすごいうねりそのもので、そのうねりのなかに多くの石塊たちがいたんだ。

ざっとサカグチケンが関わってきたロックたちを挙げてみても、ミュージシャンもいるし、役者もいるし、アイドルもいる。ボクサーや、サッカー選手、映画監督だっていて。その役柄、肩書は数限りない。ただ、全員が、ロックそのものなんだと思う。

サカグチケンという、ビッグバンなのかブラックホールなのか、よくわからない得体のしれないオソロシクて強烈な磁場に引き寄せられ、あるいは間違って近づいてしまって、ロックオンされた人々。

80年代後半から90年代のヤバいロックの怪しい蠢きの中にいるあいつのほうがざわつく。一番最初にこの本を手に取る読者は、もしかすると1963年生まれの私と同じぐらいの世代になるんじゃないかと思った。あの頃のロックブームってメディアがつくりあげたお遊びみたいでキライだったけど、そこから生まれたロックたちは、今も現役でどろどろにやらかしてる。それを浴びたヤツラが読者なんじゃないかと。若い読者を想定しての編集部の思いもわからないではないけれど、広告屋なので、ターゲット論や、インサイトを考えると、そっちのほうがいいように思えた。

そう思うと、サカグチケンの「ロックをデザインする男」のメイキング的なウラ話よりも、あいつの言う“dead start”とは、一体何なのかというところを掘りたくなる。あの頃のつくられたロックブームこそdeadだし、そこからはじまる新しいロックの胎動が、startなんじゃないかと。

親友たちのこと、お母さんのこと、お父さんのこと。そして、あいつ自身のこと、死と、そこにまつわるあたらしいはじまり。その辺が切り取れたらいいと思った。

きっとこれからも、サカグチケンにロックされる新しいロックたちは山のようにいるはずだ。そんな連中に“dead starr”を切ってほしいと物凄く思う。

これをまとめながら、アンディ・ウォーホルも、サルバドール・ダリも、ジョン・レノンも、エルビス・プレスリーも、シド・ヴィシャスも、ジョニー・サンダースも、江戸アケミも、尾崎豊も、松田優作も、崔洋一も、ジェフ・ベックも、高橋幸宏も、鮎川誠も、市川準も、逸見康成もまだ走ってる。ガンガンに走り出してる。そう思った。だよな！　サカグチケン。

ガキの頃から大好きな永ちゃん。その矢沢さんの本。糸井重里さんが関わり構成し書かれた「矢沢永吉激論集・成りあがり」を、まさかまた、この歳で読み返すとは思わなかったよ。

お前の本に関わることで、私も“dead starr”ができるのなら、さいわいだ。ありがとね。

（佐倉康彦）

2020

- トライシグナル　シングル『それでも光へ』におけるアートディレクション+デザイン
- bacchus gallery bunにて『隠れ家』開催
- 歯ART美術館／ゲート［レインボー・ムーン］アートディレクション
- 歯ART美術館開館15周年記念フォトコンテスト審査員を務める
- 『enishi』シンボルマーク・ステッカーのデザイン
- 砂川自動車の名刺デザイン
- Rama Amoebaアルバム『ラビット』におけるアートディレクション+デザイン
- DISCO MirrorBallの名刺デザイン
- Ken Sakaguchi Speaks & ☆ NORi ☆ LIVE at LIVE HOUSE BiRdLanD

2021

- サンポートホール高松「市民ギャラリー」にて個展を開催
  "The Man Who Designs Rock'n Roll"と題されたこの個展ではロックミュージシャンをモチーフにした作品約80点を展示
- Ken Sakaguchi Speaks & TRISIGNAL LIVE at LIVE HOUSE BiRdLanD
- クラブハウスDAVEのキャップ・デザイン

2022

- サンポートホール高松「市民ギャラリー」にて個展を開催
  "The Man Who Designs Rock'n Roll"と題されたこの40周年記念個展ではロックミュージシャンをモチーフにした作品約90点を展示
- HARUHIKO OHSHIMA & KEN SAKAGUCHI 40th anniversary SPEAKS at LIVE HOUSE BiRdLanD

2023

- 星海社新書『ロックをデザインする男　サカグチケン　dead start』出版
- サンポートホール高松「市民ギャラリー」にて個展を開催
  "The Man Who Designs Rock'n Roll"と題されたこの41周年The Startの個展ではロックミュージシャンをモチーフにした作品&オリジナル作品約100点を展示。5月3日〜5月7日。

- T.REX　マーク・ボラン生誕70周年BEST『BEST OF T.REXXXXXXX』におけるアートディレクション＋デザイン
- T.REX　マーク・ボラン生誕70周 トリビュート『T.REX Tribute ~Sitting Next To You~ presented by Rama Amoeba』におけるアートディレクション＋デザイン
- 電脳音楽塾×サカグチケン『GRAPHIC BEATS 2017』Produced by サカグチケン＋INA開催
- 電脳音楽塾×サカグチケン『ADという仕事』アシスタントのAではありません。Produced by サカグチケン＋INA開催

2018

- 宇梶剛士 作・演出／劇団パトスパック公演『こもれび、笑とーんどぅ。』宣伝美術
- 大島治彦　The Deal is HARUHIKO OHSHIMA.『Roller's Roller 0』におけるアートディレクション＋デザイン
- TOKYO DAIKANYAMA bacchus gallery bunにて　サカグチケン［隠れ家］開催
- ROCK CAFE LOFT is your room［AA＝上田剛士の凄さを語り尽くす！］ゲスト・スピーカー
- ROCK CAFE LOFT is your roomのDOORペインティング
- ROCK CAFE LOFT is your room　ROCKをデザインする男・サカグチケン［G.D.NIGHT］ナビゲーター
- De-LAX　ライブDVD『De-LAX 30th Anniversary 2018・2・18新宿LOFT』におけるアートディレクション＋デザイン
- ROCK CAFE LOFT is your room　ROCKをデザインする男・サカグチケン［ミヤNIGHT］ナビゲーター
- Daijiro DIE Nozawa　アルバム『Astronauts』におけるアートディレクション＋デザイン
- Rama Amoeba　アルバム『ドラゴンのゆりかごDragon's Cradle』におけるアートディレクション＋デザイン
- VINYL by Amplifier サカグチケンコレクション MEDICOM TOY EXHIBITION '18
- 無能なルシッド　シングル『何も無い…何も無い…何も無い…』におけるアートディレクション＋デザイン
- bacchus gallery bunにて『隠れ家』開催

2019

- bacchus gallery bunにて『隠れ家』開催
- 宇梶剛士 作・今奈良孝行 演出／劇団パトスパック公演『廃人二十面相』宣伝美術
- 歯ART美術館／壁面ART［レディオフェリクフラワー放射性の花］
- ZELDA／ライブアルバム『はじまりのゼルダ〜The earliest live sound collection　1980–1982』（2CD）におけるアートディレクション＋デザイン
- 人間椅子　ベストアルバム『人間椅子名作選三十周年記念ベスト盤』におけるアートディレクション＋デザイン
- 藤沼伸一『藤祭2019〜還暦〜』Tシャツにおけるアートディレクション＋デザイン

2014

- REDMAN　アルバム『FLAME OF LIFE』におけるアートディレクション+デザイン
- THE YELLOW MONKEY　広瀬"HEESEY"洋一　アルバム『YOU SAY HEESEY』におけるアートディレクション+デザイン
- 宇梶剛士 作／今奈良孝行 演出／劇団パトスパック公演『ハイキング フォー ヒューマンライフ2014』宣伝美術

2015

- 宇梶剛士 作・演出／劇団パトスパック公演『Cafeアオギリ』宣伝美術
- Rama Amoeba　アルバム『21st Century Doll』におけるアートディレクション+デザイン
- VERTUEUX　Tシャツ&タオル デザイン
- X JAPANのギタリストPATAのシンボルマークデザイン
- G.D.FLICKERS　『30th Anniversary 2015 LIVE』Tシャツデザイン
- G.D.FLICKERS　30th Anniversaryアルバム『悪魔』におけるアートディレクション+デザイン
- 宇梶剛士 作・演出／劇団パトスパック公演『モーリタニアの空』宣伝美術
- 電脳音楽塾×サカグチケン『GRAPHIC BEATS 2015』Produced by サカグチケン+INA開催
- 「ありがとう!　mayuko 7th memorial」のシンボルマークデザイン

2016

- 宇梶剛士 作・シライケイタ（温泉ドラゴン）演出／劇団パトスパック公演『KOBAKO 2016』宣伝美術
- LondonのROCK BAND『KULT KANDY』シンボルマークデザイン&Tシャツデザイン
- 宇梶剛士 作・シライケイタ（温泉ドラゴン）演出／劇団パトスパック公演『デザート パーティ』宣伝美術
- 『It's young and gold and silvery old ~GLAM ROCK EASTER 30th ANNIVERSARY~』Tsuneo Akima & Rama Amoebaにおけるアートディレクション+デザイン
- MUCC　シングル『ハイデ』におけるアートディレクション+デザイン
- ひめキュンフルーツ缶　シングル『伊予魂乙女節』におけるアートディレクション+デザイン
- AKi　ドッグ・タグ デザイン&リストバンドデザイン
- 電脳音楽塾×サカグチケン『GRAPHIC BEATS 2016』Produced byサカグチケン+INA開催
- 舞士　アルバム『つきもの』におけるアートディレクション+デザイン

2017

- 宇梶剛士 作・今奈良孝行 演出／劇団パトスパック公演『合言葉』宣伝美術
- MUCC　アルバム『脈拍』におけるアートディレクション+デザイン
- TOYBEATS　ミニ・アルバム『CHANNEL SURFIN'』におけるアートディレクション+デザイン
- THE FOREVER YOUNG　アルバム『さらば友よ』におけるアートディレクション+デザイン
- BUCK-TICK　ライブ横浜アリーナ　アルバム『ClimaxTogeter BUCK-TICK 1992 COMPACT DISC』におけるアートディレクション+デザイン

●渋谷芸術祭＋江戸錦ピクチャーズ＋ZERO-SAN 企画・制作の映画『ROADSIDE#2010』出演
●G.D.FLICKERS　稲田錠マスターのBAR『CHERRY-BOMB』看板デザイン

2011

●宇梶剛士 作／石田恭子 演出／劇団パトスパック公演『KOBAKO（小箱）』宣伝美術
●THE STAR CLUBのHIKAGEの本『HIKAGE孤高BROKEN WORDS & PHOTOGRAPHS』デザイン
●香川県立高松工芸高等学校サッカー部 エンブレム　デザイン
●宇梶剛士 作／石田恭子 演出／劇団パトスパック公演『KIBOU（希望）』宣伝美術
●『I LOVE DOG』ステッカー・デザイン

2012

●宙也　生誕50年〜新宿ロフト・デビュー30周年記念祝祭　宣伝美術
●アレルギー　アルバム『Live at新宿LOFT 1983・8・31 〜CASE OF TELEGRAPH/PRODUCTS 5』におけるアートディレクション＋デザイン
●Rama Amoeba　アルバム『Red Or Blue』におけるアートディレクション＋デザイン
●INORAN　1997–2012 INORAN Solo Works 15th Anniversary Year TOKYO 2nite –NO NAME? B-Day LIVE FC LIMITED! –Just a day– & –The Beginning–におけるアートディレクション
●劇団500歳の会 旗揚げ公演『いつか見た男達〜ジェネシス〜』宣材デザイン
●Ra:IN　Japan Tour 2012『10th Anniversary Japan Tour 2012』におけるアートディレクション
●Walter Lure with HITOMI TSURUKAWA & PIRATE LOVEにおけるアートディレクション
●宇梶剛士 作／友寄有司（海亀の産卵）演出／劇団パトスパック公演『DOORS（ドアーズ）』宣伝美術
●宙也　企画「Eleventh Heaven 4 U」出演：{新訳} アレルギー／OXYDOLL宣材デザイン

2013

●BUCK-TICK　『TOUR2013 COSMIC DREAMER』復刻版Tシャツ・デザイン
●Tsuneo Akima & Rama Amoeba Tour 2013「All Songs=MARCHOSIAS VAMP」におけるデザイン
●宇梶剛士 作・演出／劇団パトスパック公演『海の種 2013』宣伝美術
●アルバム『仲野茂×和田静男 ブギウギアナーキー』におけるアートディレクション＋デザイン
●THE COOL BIKERS ITEM STORE『MARKEE & LOW』LOGO BUILDER
●キャプテン・ジョー　アルバム『The End of the World』におけるアートディレクション＋デザイン
●アレルギーTシャツデザイン
●『遊☆戯☆王ZEXAL II』エンディング曲　REDMAN　シングル『Challenge the GAME』デザイン
●宇梶剛士 作／今奈良孝行 演出／劇団パトスパック公演『アカイキ』宣伝美術

2008

- 2008 FUSION PRINT ART CALENDAR EXHIBITION in TURKEYに出展　4月5日〜4月13日 at Exhibition Hall. Gazi University Faculty of Fine Arts
- heidi.　アルバム『イノセンス』アートディレクション+ジャケットデザイン
- BUCK-TICK　DVD『TOUR 2007 天使のリボルバー』におけるアートディレクション+デザイン／DVDオーサリング
- Zi:LiE-YA　シンボルマーク デザイン
- Zi:LiE-YA　アルバム『太陽の讃歌ANTHEM OF THE SUN』アートディレクション+ジャケットデザイン
- lynch.　シングル『Anbivalent Ideal』アートディレクション+ジャケットデザイン
- heidi.　シングル『オレンジドラマ』アートディレクション+ジャケットデザイン
- 12月31日（ALL NIGHT）Shibuya C.C.LemonHallで開催 Over the Edge 2008 実行委員会presents
  ロックイベント『Over the Edge 2008』シンボルマーク+グラフィックワーク+アートディレクション
  国境やジャンルを超えた次世代のロックアーティスト14グループが出演
  ［出演］12012／D'espairsRay／girugamesh／heidi.／Kαin／LM.C／メリー／Mix Speaker's Inc.／MUCC／Plastic Tree／Sadie／少女ロリヰタ23区／the studs／ヴィドール

2009

- メリー　Tour 09 under-world［GI・GO］におけるアートディレクション+デザイン
- D'espairsRay　LIVE TOUR2009『Psychedelic PARADE』におけるアートディレクション+デザイン
- 高原秀和 作・演出 GIRLS LIVE UNIT Love Punk STAGE.2『オクトパスホールド』宣伝美術
- heidi.　シングル『翼』アートディレクション+ジャケットデザイン
- heidi.　Tour 2009『明日なき翼』におけるアートディレクション+ジャケットデザイン
- 宇梶剛士 作／石田 恭子 演出／劇団パトスパック公演『ユエ ナキ子 ドウシテ、イキテイルンダロウ・・・』宣伝美術
- D'espairsRay　シングル『FINAL CALL』アートディレクション+ジャケットデザイン
- 劇団リサイクル公演『母屁2 竹久夢二 異聞』宣伝美術
- UVERworld 信人ベースアンプ・デザイン

2010

- 宇梶剛士 作／石田恭子 演出／劇団パトスパック公演『クリフ パーティ 絶壁で集おう』宣伝美術
- G.D.FLICKERS　LIVE TOUR 2010『25th Anniversary 2010 LIVE』におけるアートディレクション+デザイン
- Spiv states　アルバム『NOVELTY HUNTER』アートディレクション+ジャケットデザイン
- LUNA SEA　DVD『10TH ANNIVERSARY GIG［NEVER SOLD OUT］CAPACITY∞』におけるアートディレクション+デザイン
- 宇梶剛士 作／内野智 演出／劇団パトスパック公演『カフェ アオギリスタン』宣伝美術
- PATA（X JAPAN/Ra:IN）のオフィス石塚屋シンボルマーク・デザイン+オフィシャルグッズデザイン
- MUSICA FAMILIAシンボルマーク・デザイン

2005

- INORAN　Guitar2005シグネイチャーモデル『流転』におけるアートディレクション＋デザイン ESP ILP-00『流転』
- Lucy　Tour 2005『Lucy Show ~Shout,Speed,Shake your Rockarollica~』におけるアートディレクション
- Dir en grey　写真集『THE MANIPULATED LIFE』アートディレクション＋デザイン
- LUNA SEA　アルバム『SLOW』ジャケットデザイン
- 清春　写真集『ALIEN MASKED CREATURE 清春 NUDE BOX』アートディレクション＋デザイン
- INORAN　ライブDVD『ANOTHER ROOM』アートディレクション＋デザイン
- インスタレーション『POEMIX II／森雪之丞＋岸谷五朗』におけるアートディレクション＋デザイン
- TOSHIBA Presents THE MUSICAL by QUEEN and Ben Elton『WE WILL ROCK YOU』パンフレット　アートディレクション＋デザイン
- BUCK-TICK　トリビュート アルバム『PARADE ~RESPECTIVE TRACKS OF BUCK-TICK~』ジャケットデザイン
- 7月15日、8月19日、9月24日／新宿LOFT　・12月3日／クラブチッタ川崎「dead start」を開催　音楽。絵。映像。パフォーマンス……参加者すべてが、出演者。あらゆる表現ジャンルとキャリアを超えたアートが融合した新しいイベントとして注目される。
- アナーキー26周年コンプリートBOX『内祝』アートディレクション＋デザイン＋DVDオーサリング

2006

- Lucy　シングル『BULLETS☆Shooting Super Star☆』ジャケットデザイン
- Lucy　アルバム『ROCKAROLLICA II』ジャケットデザイン
- Lucy　Tour 2006『Lucy Show 002 ~Shout,Speed,Shake your Rockarollica~』におけるアートディレクション
- Lucy　DVD『Lucy Show 002 LIVE AT STUDIO COAST』ジャケットデザイン／DVDオーサリング
- Lucy　DVD『Lucy Show 002 LIVE AT UNIT』ジャケットデザイン
- 松田優作 主演・探偵物語 HEIWA BROS マシン『CR探偵物語』ポスター アートディレクション＋デザイン
- BUCK-TICK　DVD『BUCK-TICK FISH TANKer's ONLY 2006』ジャケットデザイン
- MUSICAL by QUEEN パンフレット『WE WILL ROCK YOU』　アートディレクション＋デザイン
- BUCK-TICK　2007カレンダー／アートディレクション

2007

- RIZE　アルバム『ALTERNA』アートディレクション＋ジャケットデザイン
- BUCK-TICK　アルバム『天使のリボルバー』ジャケットデザイン
- BUCK-TICK　『TOUR2007「天使のリボルバー」』におけるアートディレクション
- BUCK-TICK　2008カレンダー／アートディレクション

におけるアートディレクション

- 『Ra:IN』のドラムTETSU MODEL オリジナルペインティング
  『Ra:IN』のデビュー・アルバム『The Line』におけるアートディレクション+ジャケットデザイン
- INORAN 2004カレンダー/アートディレクション
- hide　2004カレンダー/アートディレクション
- BUCK-TICK　2004カレンダー/アートディレクション
- BUCK-TICK　DVD+ビデオ『Mona Lisa OVERDRIVE-XANADU-』パッケージデザイン
- 12月28日29日　BUCK-TICK　日本武道館公演『THE DAY IN QUESTION』におけるアートディレクション
- 詩：森雪之丞+演出：岸谷五朗による舞台『POEMIX』岸谷五朗/森雪之丞/風花舞/當山奈央におけるシンボルマークなどのグラフィックワーク+アートディレクション
- LUNA SEA 『COMPLETE SINGLE BOX』パッケージデザイン/アートディレクション+ジャケットデザイン
- 12月24日25日　J　Zepp Tokyo『J '03 X'mas show CASE the holy night FLASH BACK』におけるアートディレクション

2004

- BUCK-TICK　ライブ・アルバム+DVD『at the night side』パッケージデザイン/DVDオーサリング
- Waive　アルバム『INDIES 2』ジャケットデザイン
- LUNA SEA COMPLETE ALBUM BOXレーベル・デザイン
- 『レッドシューズ』主催イベント/青山オービエント「WEAR RED SHOES」ライブ・ペインティング
- 「dead start 2004」に向けてのシューティングL.A.→メキシコ
- BUCK-TICK Hisashi Imai+Kiyoshi+Katsushige Okazakiによるニューバンド『Lucy』結成におけるアートディレクション+ジャケットデザイン
- Lucy　アルバム『ROCKAROLLICA』ジャケットデザイン
- Lucy　Tour 2004『Lucy Show ～Shout,Speed,Shake your ROCKAROLLICA～』におけるアートディレクション
- Lucy　Tour 2004ライブ・アルバム+DVD『Lucy Show ～Shout,Speed,Shake your ROCKAROLLICA～』パッケージデザイン/DVDオーサリング
- BUCK-TICKライブ　横浜アリーナ『悪魔とフロイト-Devil and Freud- Climax Together』におけるアートディレクション
- BUCK-TICK　ライブDVD『悪魔とフロイト-Devil and Freud- Climax Together』パッケージデザイン/DVDオーサリング
- INORAN　ライブ『ANOTHER ROOM』におけるアートディレクション
- machine　シングル『RED SUNDANCE』ジャケットデザイン
- CD絵本　作withもりちよこ×篠原ともえ『ぺじぺじ ～とんがらきよしくん～』絵本デザイン
- 10月16日（ALL NIGHT）クラブチッタ川崎で開催
  SAKAGUCHI KEN FACTOY, inc. presents「dead start」SAKAGUCHI KEN FACTORY WORKS 2005と題されたこの集会には世代やジャンルを超えた多数のロックミュージシャンやアーティストが出演

・12月29日 BUCK-TICK　日本武道館公演『THE DAY IN QUESTION』におけるアートディレクション
・『レッドシューズ』ニュー・オープンにおけるアートディレクション

2003

・BUCK-TICK　アルバム『Mona Lisa OVERDRIVE』ジャケットデザイン
・BUCK-TICK　tour2003『Mona Lisa OVERDRIVE TOUR』におけるアートディレクション
・J　2003年1月4日 日本武道館公演『A Happy Mother Fuckin' New Year -Let the WORLD begin- Unstoppable Drive』におけるアートディレクション
・J　2003年1月4日 日本武道館公演の映像作品DVD＋ビデオ『The Judgment Day』パッケージデザイン／DVDオーサリング
・J　『J tour2003-Unstoppable Drive- the world new order』におけるアートディレクション
・INORAN　公式WEBサイトの制作
・PATA（X JAPAN）＋Michiaki＋TETSUによるユニット『Ra:IN』のデビュー・シングル『The Border』におけるアートディレクション
・『Ra:IN』公式WEBサイトの制作
・仲野茂（ANARCHY）がプロデュースするカバーアルバム『THE COVER』ジャケットデザイン＋イベント『THE COVER』におけるアートディレクション
・ファッションビル『OPA』シーズン・キャンペーン・ポスターにおけるグラフィックワーク
・PIERROT『Dictators Circus VI』at SAITAMA SUPER ARENAの映像作品DVD＋ビデオパッケージデザイン／DVDオーサリング
・PIERROT triple A side Maxi Single『薔薇色の世界／ネオグロテスク／夕闇スーサイド』ジャケットデザイン
・J　ミニ・アルバム『-CRACK TRACKS II - GO with the Devil』ジャケットデザイン
・J　Tour『J tour 2003 Summer GO with the Devil』におけるアートディレクション
・BUCK-TICK　Tour『Tour Here we go again!』におけるアートディレクション
・BUCK-TICK　ビデオクリップ映像作品DVD『PICTURE PRODUCT II』パッケージデザイン／DVDオーサリングさらに、この作品初回版にセットされる、BUCK-TICK写真集におけるアートディレクション
・BUCK-TICK　日比谷野公園大音楽堂でのライブ『Mona Lisa OVERDRIVE-XANADU-』におけるアートディレクション
・INORAN　初のソロLIVE『THE LAST NIGHT』の模様を完全映像化した作品DVD＋ビデオ『THE LAST NIGHT』パッケージデザイン／DVDオーサリング
・hide　1997年8月26日　ALL NIGHT CLUB EVENT『hide presents MIX LEMONed JELLY』の映像作品DVD＋ビデオパッケージデザイン／DVDオーサリング
・日比谷公園大音楽堂でのライブイベント『TOMORROW HISTORY –SWEET EXTRA 2003–』におけるアートディレクション
・PIERROT　アルバム『ID ATTACK』アートディレクション＋ジャケットデザイン
・INORAN　イベント NO NAME? PRIVATES? #1
『THE LAST NIGHT』におけるアートディレクション＋ジャケットデザイン
・BUCK-TICK　1993年横浜アリーナLIVE映像作品DVD『ClimaxTogeter Collector's Box』パッケージデザイン／DVDオーサリングさらに、この作品初回版にセットされる、BUCK-TICK写真集

- J　シングル『go crazy』ジャケットデザイン
- J　『Tour the BLOOD MUZIK 02 "go CRAZY go" -PYROMANIA IS BACK!!-』におけるアートディレクション
- BUCK-TICK　tour2002『WARP DAYS』におけるアートディレクション
- LUNA SEA　アルバム『another side of SINGLES II』ジャケットデザイン
- hide　オリジナル・ウォーターのボトルデザイン
- Waive　アルバム『INDIES』ジャケットデザイン
- ファッションビル『OPA』シーズン・キャンペーン・ポスターにおけるグラフィックワーク＋CFの演出・監督
- 2002 FIFAワールドカップ韓国／日本　サッカーNHK中継のテロップデザイン
- 仲野茂（ANARCHY）& YOSU-KO（COBRA）によるユニットANARCHY NAN DA COBRA CD『東京』ジャケットデザイン
- BUCK-TICK TOUR 2002追加公演『WARP DAYS -AFTER DARK-』におけるアートディレクション
- J　LIVE DVD＋ビデオ『80min.RIOT』パッケージデザイン
- J　初の海外（韓国、台湾）盤『IGNITER #081』＋国内盤『CRACK TRACKS』ジャケットデザイン
- J　2002年 夏のイベントLiveTour the BLOOD MUZIK 02 "5 CRAZY 5"–PYROMANIA IS BACK!!–　SHIBUYA-AX 5Daysにおけるアートディレクション
- J　『Tour the BLOOD MUZIK 02 Summer "Ride the Big Blazin' Wave"』におけるアートディレクション
- J　単行本『WAKE UP! MOTHER FUCKER II 烈火ノゴトク、焼き尽クセ』装丁
- hide　未発表LAST SINGLE『In Motion』パッケージデザイン
- hide　『SINGLES~Junk Story』ジャケットデザイン
- hide　『In Motion』＋『SINGLES~Junk Story』CF用SPOTの監督
- 10月12日『hide's PSYCOMMUNITY Special!! ~Junk Story』国立代々木競技場第一体育館にてTOMOE SHIZUNE & HAKUTOBOとの舞踏／BUTOHとドローイングのコラボレーション
- CULT OF PERSONALITY　アルバム『under the sun』ジャケットデザイン
- CULT OF PERSONALITY　ビデオクリップ『the real thing?』監督
- BUCK-TICK REMASTER WORKSにおけるアートディレクション
- PIERROT　シングル『PSYCHEDELIC LOVER』ジャケットデザイン
- Waive　東阪ワンマンライブ -SOLDしたらCD無料配布GIG-「ミューズとリキッドと」のCD『will』ジャケットデザイン
- LUNA SEA FILM GIG vol.3におけるアートディレクション
- Waive MAXI SINGLE『キミノヒトミニ恋シテル。／わがままロミオ』ジャケットデザイン
- J　シングル『Feel Your Blaze』ジャケットデザイン
- J　アルバム『Unstoppable Drive』グラフィックワーク／アートディレクション
- PIERROT　シングル『HILL-幻覚の雪-』ジャケットデザイン
- PIERROT『Dictators Circus VI』at SAITAMA SUPER ARENAポスターデザイン
- BUCK-TICK　DVD＋ビデオ『BUCK-TICK TOUR2002 WARP DAYS 20020616 BAY NK HALL』パッケージデザイン／DVDオーサリング
- INORAN　2003カレンダー／アートディレクション
- hide　2003カレンダー／アートディレクション
- BUCK-TICK　シングル『残骸』ジャケットデザイン

るアートディレクション

- 仲野茂（ANARCHY）／稲田錠（G.D.FLICKERS）主催のイベント「THE COVER」のグラフィックデザイン
- ファッションビル『OPA』シーズン・キャンペーン・ポスターにおけるグラフィックワーク＋CFの演出・監督
- J（ex.LUNA SEA）vs zilch vs Youjeenによる全国Tour　『BLOOD BROS.INC.presents FIRE WIRE TOUR 2001-BURN SEVEN CITIES BURN- J／Zilch／Youjeen and more... vs Youにおけるアートディレクション
- zilch　アルバム『SKYJIN』ジャケットデザイン
- Youjeen　アルバム『The Doll』　シングル『Someday』ジャケットデザイン
- J（ex.LUNA SEA）　シングル『Perfect World』ジャケットデザイン
- J（ex.LUNA SEA）vs zilch vs THE CULTによるイベント『FIRE WIRE 2001 TOUR –THE XXX SHOW–』におけるアートディレクション
- SCHWEIN　リミックス・アルバム『SON OF SCHWEIN STEIN』ジャケットデザイン
- INORAN（ex.LUNA SEA）　ライブ『THE LAST NIGHT』におけるアートディレクション
- INORAN（ex.LUNA SEA）＋船木和喜（Ski JUMP日本代表）のキャラクター"DRAGON"のドローイング
- LUNA SEA　VTR集『ECLIPSE』DVD＋ビデオ『ECLIPSE 2』パッケージデザイン
- TOKYO DESIGNERS BLOCK 2001にzilchシングル『Charlie's Children』をモチーフに映像作品を出品
- Youjeen　シングル『Beautiful Days』ジャケットデザイン
- J（ex.LUNA SEA）vs zilch vs Youjeenによるイベントのドキュメンタリー写真集『FIRE WIRE 2001』におけるアートディレクション
- hide　hide MUSEUMビルボードのデザイン
- hide　2002カレンダー／アートディレクション
- AGE OF PUNK　ビデオクリップ『FUCK TRACK』＋『A O P』監督
- INORAN　2002カレンダー／アートディレクション
- BUCK-TICK　シングル『21st Cherry Boy』ジャケットデザイン
- J（ex.LUNA SEA）　アルバム『BLOOD MUZIK』グラフィックワーク／アートディレクション
- 松田優作13回忌に贈る鎮魂歌『Play Song for 13th』奈良敏博／前田哲朗／高橋CAZ／玉城亜弥におけるグラフィックワーク／アートディレクション／ライブ・ペインティング
- LUNA SEA　FILM GIG 2001におけるグラフィックワーク
- MEGA 8 BALL　ミニ・アルバム『Pay More Sucker』ジャケットデザイン

2002

- BUCK-TICK　シングル『極東より愛を込めて』ジャケットデザイン
- BUCK-TICK　アルバム『極東 I LOVE YOU』ジャケットデザイン
- BUCK-TICK VTR集『BUCK-TICK PICTUE PRODUCT』ジャケットデザイン　DVD＋ビデオ『B-T PICTUE PRODUCT』パッケージデザイン／DVDオーサリング
- BUCK-TICK　コンプリートBOOK『WORDS by BUCK-TICK』におけるアートディレクション
- 松田優作13回忌に贈る展覧会『YUSAKU MATSUDA exhibition 松田優作と現代のクリエイターたち』におけるグラフィックワーク／アートディレクション

- anna　ビデオクリップ　『ナオミの夢』監督
- THE MAD CAPSULE MARKETS　ビデオクリップ『GOOD GIRL』＋『TRIBE』監督
- フジテレビ系ドラマ『TEAM』　オープニングタイトルロール監督
- BUCK-TICK　2000カレンダー／アートディレクション
- 12月16日 LUNA SEA＋GLAY　『The Millennium Eve A Chirstmas present for the people who love live a lot』東京DOME LIVEにおけるグラフィックワーク
- LUNA SEA　『START UP GIG. 2000』におけるグラフィックワーク

2000

- フジテレビ系ドラマ『ショカツ』　オープニングタイトルロール監督
- ファッションビル『OPA』シーズン・キャンペーン・ポスターにおけるグラフィックワーク＋CFの演出・監督
- OBLIVION DUST　シングル『FOREVER』ジャケットデザイン
- OBLIVION DUST　ビデオパッケージ『OBLIVION DUST THE VIDEO』ジャケットデザイン
- DJ KRUSH featuring ACO, TWIGY　シングル『Tragicomic』ジャケットデザイン
- DJ KRUSH　シングル『Tragicomic Krush self-remix』ジャケットデザイン
- OBLIVION DUST　シングル『DESIGNER FETUS』ジャケットデザイン
- BUCK-TICK　シングル『GLAMOROUS』ジャケットデザイン
- BUCK-TICK　Tour2000『PHANTOM TOUR』『OTHER PHANTOM TOUR』におけるグラフィックワーク
- BUCK-TICK　アルバム『ONE LIFE,ONE DEATH』ジャケットデザイン
- BUCK-TICK　Tour2000『TOUR ONE LIFE,ONE DEATH』におけるグラフィックワーク
- OBLIVION DUST　アルバム『BUTTERFLY HEAD』ジャケットデザイン
- LUNA SEAのベーシストJ　ESPキャンペーン／アートディレクション
- LUNA SEAのギタリストINORAN　ESPキャンペーン／アートディレクション
- BUCK-TICK　2001カレンダー／アートディレクション
- PATA（X JAPAN）／HEATH（X JAPAN）／I.N.A.（ex. hide with Spread Beaver/zilch）／JO:YAのNew Project『Dope HEADz』デビューにおけるアートディレクション
- Dope HEADz　シングル『GLOW』ジャケットデザイン

2001

- J（ex.LUNA SEA）vs zilchによるイベントFIRE WIRE 2001におけるアートディレクション
- Dope HEADz　シングル『TRUE LIES』ジャケットデザイン
- Dope HEADz　アルバム『PRIMITIVE IMPULSE』ジャケットデザイン
- zilch　シングル『mimizuzero』　シングル『Charlie's Children』ジャケットデザイン
- BUCK-TICK　ライブアルバム＋DVD＋ビデオ『ONE LIFE,ONE DEATH CUT UP』におけるグラフィックワーク
- BUCK-TICK　ライブビデオfor WOWOW『ONE LIFE,ONE DEATH CUT UP -PROTOTYPE-』におけるグラフィックワーク
- LUNA SEA　コンプリートBOOK『Days of LUNA SEA』におけるアートディレクション
- LUNA SEA　ラストライブ DVD＋ビデオ『LUNA SEA THE FINAL ACT TOKYO DOME』におけ

1998

- BUCK-TICK　リミックス・シングル『囁き』ジャケットデザイン
- BUCK-TICK　シングル『月世界』ジャケットデザイン
- BUCK-TICK　Tour1998『TOUR SEXTREAM LINER』におけるグラフィックワーク
- ザ・ハイロウズ　シングル『千年メダル』ジャケットデザイン
- ザ・ハイロウズ　アルバム『ロブスター』ジャケットデザイン
- ザ・ハイロウズ　Tour1998『メイン☆ロブスター'98』におけるグラフィックワーク
- 中山美穂　シングル『LOVE CLOVER』ジャケットデザイン
- 中山美穂　ビデオクリップ『LOVE CLOVER』監督
- 中山美穂　アルバム『OLIVE』ジャケットデザイン
- LUNA SEA　シングル『STORM』ジャケットデザイン
- LUNA SEA　シングル『SHINE』ジャケットデザイン
- LUNA SEA　シングル『I for You』ジャケットデザイン
- LUNA SEA　アルバム『SHINE』ジャケットデザイン
- LUNA SEA　『1998 REVIVE 真夏の野外』at横浜スタジアムにおけるグラフィックワーク
- LUNA SEAのマニュピレーターd-kiku　アルバム『miniature garden』ジャケットデザイン
- ANARCHY　ライブアルバム『ANARCHY SYNDROME［LIVE］』ジャケットデザイン
- 中山美穂　Tour『MIHO NAKAYAMA TOUR '98 "Live O Live"』におけるグラフィックワーク
- 中山美穂　Tourビデオ『Live・O・Live』パッケージデザイン
- ザ・ハイロウズ　シングル『真夜中レーザーガン』ジャケットデザイン
- LUNA SEA　『CONCERT TOUR1998 SHINING BRIGHTLY』におけるグラフィックワーク
- LUNA SEA　1999–2000カレンダー／アートディレクション
- LUNA SEA　2000カレンダー／アートディレクション
- THE MAD CAPSULE MARKET'S　ビデオクリップ『MIDI SURF』監督
- DJ KRUSH　アルバム『Strictly Turntabilized』ジャケットデザイン
- DJ KRUSH　アルバム『覚醒』ジャケットデザイン
- 土屋昌巳　アルバム『森の人 Forest People』ジャケットデザイン
- ザ・ハイロウズ　シングル　『ローリング・ジェット・サンダー』ジャケットデザイン
- ANARCHY　Tour1998『ANARCHY SYNDROME '98』におけるグラフィックワーク

1999

- 新宿LOFT　『ROCKIN' COMMUNICATION SHINJYUKU LOFT』オープンにおけるロゴ
- BUCK-TICK　マキシ・シングル『BRAN-NEW LOVER』ジャケットデザイン
- BUCK-TICK　マキシ・シングル『ミウ』ジャケットデザイン
- LUNA SEA　『LUNA SEA 10th ANNIVERSARY GIG［NEVER SOLD OUT］CAPACITY∞』におけるグラフィックワーク
- LUNA SEA　ライブアルバム『NEVER SOLD OUT』ジャケットデザイン
- hide　トリビュートアルバム『hide TRIBUTE SPIRITS』ジャケットデザイン
- hide　写真集『hide』におけるグラフィックワーク／アートディレクション
- Galla　アルバム『PARA-LIFE』　シングル『君がいる』ジャケットデザイン
- anna　シングル『ナオミの夢』ジャケットデザイン

- Dr.StrangeLove　アルバム『Dr.StrangeLove』　シングル『手のひらの中のFreedom』ジャケットデザイン
- 『LOFT 20th ANNIVERSARY ROCK OF AGES 1997』日本武道館におけるグラフィックワーク
- 中山美穂　アルバム『Groovin'Blue』　シングル『マーチカラー』ジャケットデザイン
- 中山美穂　Tour1997『Groovin'Blue』におけるグラフィックワーク
- LUNA SEAのベーシストJのソロ・プロジェクトにおけるグラフィックワーク
- J　シングル『BURN OUT』ジャケットデザイン
- J　アルバム『PYROMANIA』ジャケットデザイン　ビデオ『PYROMANIA TOUR '97-CRIME SCENE-』パッケージデザイン
- J　シングル『BUT YOU SAID I'M USELESS』ジャケットデザイン
- J　PYROMANIA TOUR '97におけるグラフィックワーク
- LUNA SEAのギタリストSUGIZOのレーベル『CROSS RECORD』シンボルマーク・デザイン
- SUGIZO主催のイベント『ABSTRACT DAY』におけるグラフィックワーク
- SUGIZO　アルバム『TRUTH?』ジャケットデザイン
- LUNA SEAのギタリストINORAN　アルバム『想』ジャケットデザイン
- スノーボード河村隆一「LUNA SEA」モデルのデザイン
- サッカー日本代表　岡野雅行「浦和レッドダイヤモンズ」のオフィスOKANO DREAM OFFICEシンボルマーク・デザイン
- DJ KRUSH メガミックス・アルバム『HORONIC-THE SELF-MEGAMIX』ジャケットデザイン
- SUGIZO　リミックス・アルバム『REPLICANT TRUTH?』ジャケットデザイン
- 今井アレクサンドルとのコラボレーション写真集
  『BOYS NEED HOME-BOOSKA NAGASAKI HIROSHIMA』アートディレクション
- ANARCHY　アルバム『THE LAST OF 亜無亜危異』＋『ディンゴ』ジャケットデザイン
- ANARCHY　ビデオクリップ『ノーライフ』監督
- ANARCHY　Tour『ANARCHY SYNDROME '97』におけるグラフィックワーク
- THE MAD CAPSULE MARKET'S　ビデオクリップ『SYSTEMATIC』監督
- La'cryma Christi　シングル『南国』　アルバム『Sculpture of Time』ジャケットデザイン＋1998カレンダー／アートディレクション
- Dr.StrangeLove　アルバム『Escape』ジャケットデザイン
- THE STREET BEATS　アルバム『LIVE! BEATS-ISM』ジャケットデザイン
- THE SLUT BANKS　アルバム『死霊の激愛 〜Do or Die〜』　シングル『涙の最終飛行』ジャケットデザイン
- 土屋昌巳　ミニ・アルバム『Mod' Fish』ジャケットデザイン
- BUCK-TICK　シングル『ヒロイン』ジャケットデザイン
- BUCK-TICK　アルバム『SEXY STREAM LINER』ジャケットデザイン
- 12月26日－27日 BUCK-TICK　日本武道館『SEXTREAM LINER 零型（type0）』におけるグラフィックワーク
- BUCK-TICK　1998カレンダー／アートディレクション
- BUCK-TICK　写真集『CHAOS 1996』アートディレクション
- LUNA SEA　1998カレンダー／アートディレクション
- LUNA SEA　2枚組ベストアルバム『SINGLES』ジャケットデザイン
- 今井アレクサンドルとのコラボレーション写真集『W.W.BOO』アートディレクション

1996

- THE MAD CAPSULE MARKET'S　アルバム『4 PLUGS』ジャケットデザイン
- THE MAD CAPSULE MARKET'S　シングル『WALK! –JAPAN MIX–』ジャケットデザイン
- THE MAD CAPSULE MARKET'S　ビデオクリップ『WALK!』『CRACK』監督
- LUNA SEA　シングル『END OF SORROW』ジャケットデザイン
- LUNA SEA　アルバム『STYLE』ジャケットデザイン
- BUCK-TICK　シングル『キャンディ』ジャケットデザイン
- BUCK-TICK　アルバム『COSMOS』ジャケットデザイン
- BUCK-TICK　Tour『TOUR 1996 CHAOS』におけるグラフィックワーク
- BUCK-TICK　『CHAOS 1996』赤坂BLITZライブにおける舞台美術
- THE STREET BEATS　シングル『GOOD HEART, BIG HEART』ジャケットデザイン
- THE STREET BEATS　アルバム『LOVE, LIFE, ALIVE』ジャケットデザイン
- DJ KRUSH　REMIXミニ・アルバム『迷走－ANOTHER MAZE－』ジャケットデザイン
- LUNA SEA　Tour『LUNA SEA CONCERT TOUR 1996 UN ENDING STYLE』におけるグラフィックワーク
- LUNA SEA　シングル『IN SILENCE』ジャケットデザイン
- LUNA SEA　ビデオ『LUNATIC TOKYO ~1995・12・23 TOKYO DOME~』パッケージデザイン
- THE MAD CAPSULE MARKET'S　ビデオ『4 PLUGS –VIDEO–』監督
- THE MAD CAPSULE MARKET'S　ビデオ『4 PLUGS –VIDEO–』パッケージデザイン
- THE MAD CAPSULE MARKET'S　ベストアルバム『THE MAD CAPSULE MARKET'S』
- ANARCHY　ビデオ『HISTORY OF ANARCHY』パッケージデザイン
- LUNA SEA　1997カレンダー／アートディレクション
- LUNA SEA　Tour『UN ENDING STYLE ENCORE TOUR 1996 ～TO RISE』におけるグラフィックワーク
- 中山美穂　1997カレンダー／アートディレクション
- 中山美穂　シングル『未来へのプレゼント』ジャケットデザイン
- 中山美穂　バラッドベストアルバム『Ballads I』＋『Ballads II』ジャケットデザイン
- DJ KRUSH　アルバム『MiLight－未来－』＋『阿吽』ビデオパッケージデザイン
- THE MAD CAPSULE MARKET'S　アルバム『HUMANITY』ジャケットリアレンジ デザイン
- THE STREET BEATS　ベストアルバム『BEST MINDS』ベストビデオ『BEST MINDS』ジャケットデザイン＋パッケージデザイン
- Pugs　アルバム『むしむし天国』ジャケットデザイン
- BUCK-TICK　1997カレンダー／アートディレクション

1997

- MARILYN MANSON JAPAN TOUR1997におけるフライヤー
- 3月8日　BUCK-TICK　日本武道館『TOUR'97 RED ROOM 2097』におけるグラフィックワーク
- GaZa　仲野茂／藤沼伸一（ANARCHY）／DJ KRUSH／J（LUNA SEA）／澤田純 によるLIVE『'97RPM』におけるグラフィックワーク
- 中山美穂　ベストアルバム『TREASURY』ジャケットデザイン
- LUNA SEA　ライブヒストリー・ビデオ『◀◀［REW］』パッケージデザイン

1995

- THE MAD CAPSULE MARKET'S　Tour『high-individual-side』におけるグラフィックデザイン
- THE MAD CAPSULE MARKET'S　ビデオクリップ『HAB'IT』『LIMIT』『IN SURFACE NOISE』『パラサイト（寄生虫）』『公園へあと少し』他　撮影、監督
- MAD CAPSULE MARKET'S　ビデオ『–VIDEO–』パッケージデザイン
- THE STAR CLUB　ビデオ『異邦人LIVE AT ONAIR WEST 1994』パッケージデザイン
- 中山美穂　シングル『HERO』ジャケットデザイン
- 中山美穂　アルバム『COLLECTION III』ジャケットデザイン
- 中山美穂　アルバム『Pure White Live '94 中山美穂』ジャケットデザイン
- THE STREET BEATS　シングル『街の灯』ジャケットデザイン
- THE STREET BEATS　アルバム『SPIRITUAL LIFE』ジャケットデザイン
- RIKACO　『PLUS LOVE』写真集のアートディレクション
- LUNA SEA　ビデオクリップ集『ECLIPSE I』パッケージデザイン
- LUNA SEA　Tour『LUNA SEA CONCERT TOUR 1995　MOTHER OF LOVE,MOTHER OF HATE』におけるグラフィックワーク
- BUCK-TICK　シングル『唄』『鼓動』ジャケットデザイン
- BUCK-TICK　アルバム『Six/Nine』ジャケットデザイン
- BUCK-TICK　Tour『Somewhere Nowhere 1995 TOUR』におけるグラフィックワーク
- 仲野茂BAND　アルバム『窮鼠』ジャケットデザイン
- ZIGGYのベーシスト戸城憲夫のユニットLANCE OF THRILL　アルバム『POISON WHISKEY』ジャケットデザイン
- 中山美穂　シングル『CHEERS FOR YOU』ジャケットデザイン
- DJ KRUSH　アルバム『MEISO』ジャケットデザイン
- dj honda　1stアルバム『dj honda』　1stシングル『OUT FOR THE CASH』ジャケットデザイン
- BUCK-TICK　シングル『見えない物を見ようとする誤解 全て誤解だ』ジャケットデザイン
- 中山美穂　シングル『Hurt to Heart～痛みの行方～』　アルバム『Mid Blue』ジャケットデザイン
- 中山美穂　『MIHO NAKAYAMA CONCERT TOUR '95 "f"』におけるグラフィックワーク
- 中山美穂　1996カレンダー／アートディレクション
- 元X JAPANのギタリストhide　1996カレンダー／アートディレクション
- LONDONのアーティストとともに『JAPAN EXCHANGE 1995 NO MORE HIROSHIMAS』に3点のポスターを出品
- LUNA SEA　シングル『DESIRE』ジャケットデザイン
- LUNA SEA　アルバム『シンフォニック・ルナシー2』ジャケットデザイン
- THE STREET BEATS　シングル『ONE NIGHT STAND』ジャケットデザイン
- DEEP　シングル『ありふれた週末』　アルバム『燃える車に胸は傷むかい』ジャケットデザイン
- BUCK-TICK　シングルコレクションアルバム『CATALOGUE 1987-1995』ジャケットデザイン
- LUNA SEA　東京DOME LIVE12月23日『LUNATIC TOKYO』におけるグラフィックワーク
- THE MAD CAPSULE MARKET'S　シングル『神歌』ジャケットデザイン
- THE MAD CAPSULE MARKET'S　ビデオクリップ『神歌 KAMI-UTA』監督
- NHK BSドラマ『つながった世界』に出演（共演：仲野茂exアナーキー／監督：諸沢利彦）

- LUNA SEA　ビデオ『Sin After Sin』パッケージデザイン
- LUNA SEA　Tour『LUNA SEA Concert Tour　'93–'94 The Garden Of Sinners』におけるグラフィックデザイン

1994

- DJ KRUSH　アルバム『KRUSH』ジャケットデザイン
- THE MAD CAPSULE MARKET'S　アルバム『MIX-ISM』ジャケットデザイン
- THE MAD CAPSULE MARKET'S　Tour『reading S.S.M』におけるグラフィックデザイン
- THE STREET BEATS　アルバム『ワイルドサイドの友へ』　シングル『青の季節』ジャケットデザイン
- 幻覚アレルギー　デビューアルバム『PSYCHE:DELIC』ジャケットデザイン
- 雑誌『ダ・ヴィンチ』カヴァー・アートディレクション（1994 - 1999）
- THE WILLARD　アルバム『bishop on the needle』ジャケットデザイン
- 仲野茂BAND　アルバム『大東亜のいびき』ジャケットデザイン
- ANARCHY　ライブアルバム『ANARCHY LIVE1994』ジャケットデザイン
- 山田かまち　アートキャラバン&山田かまちCDアルバム『かまち』アートディレクション
- 中山美穂　シングル『Sea Paradise－OLの反乱－』アルバム『Pure White』ジャケットデザイン
- 中山美穂　Tour1994『Pure White』におけるアートディレクション
- LUNA SEA　アルバム『シンフォニック・ルナシー』ジャケットデザイン
- THE MAD CAPSULE MARKET'S　シングル『EJECT→OUT』ジャケットデザイン
- THE MAD CAPSULE MARKET'S　ビデオ『readingS.S.M.』パッケージデザイン
- 世界ポスタートリエンナーレトヤマ1994に入選
- 『THE BOAT PEOPLE』一条さゆりユニット×舞士×へたくそのコラボレーションに競演・ライブペインティング
- LUNA SEA　シングル『ROSIER』ジャケットデザイン
- 永作博美　シングル『逢いにきて』ジャケットデザイン
- 永作博美　アルバム『Here and Now』ジャケットデザイン
- 中山美穂　1995カレンダー／アートディレクション
- BUCK-TICK／SOFT BALLET／LUNA SEA／THE MAD CAPSULE MARKET'S他出演のイベント『L.S.B.』におけるグラフィックデザイン
- BUCK-TICK　リミックス・アルバム『シェイプレス』ジャケットデザイン
  英独・ニューテクノの先鋭リミキサー（Aphex Twin, Hardfloor etc.）によるアンビエント・ミュージックのためのスペシャル・パッケージ
- THE STAR CLUB　アルバム『異邦人』ジャケットデザイン
- THE STAR CLUB　ベストアルバム『SILENT VIOLENCE』ジャケットデザイン
- 新宿LOFT存続のためのイベント『KEEP the LOFT』日比谷野音におけるグラフィックデザイン
- 渋谷ONAIR WESTでの『仲野茂BAND』ライブでの舞台ペインティング
- THE MAD CAPSULE MARKET'S　アルバム『PARK』ジャケットデザイン
- BUCK-TICK　1994Tour『SHAPELESS』におけるグラフィックデザイン
- LUNA SEA　シングル『TRUE BLUE』ジャケットデザイン
- LUNA SEA　アルバム『MOTHER』ジャケットデザイン
- LUNA SEA　SLAVE限定GIG'94におけるグラフィックデザイン
- 月山寺美術館（茨城県）でのFUSION展'94に出品

- FM802主催のエキシビション『ART MIX802』に出展
- THE STAR CLUB　アルバム『思考殺人』ジャケットデザイン
- THE STREET BEATS　アルバム『風の街の天使』ジャケットデザイン
- ラップグループ「ZINGI」&「仲野茂BAND」のジョイントグループ「AZ」のアートディレクション

1993

- LUNA SEA　シングル『BELIEVE』ジャケットデザイン
- THE MAD CAPSULE MARKET'S　2月21日の日清パワーステーションにて舞台美術を担当
- 3月27日　イングランドのバンド「G.B.H」の他「THE MAD CAPSULE MARKET'S」「AZ」出演のロック・コラボレーション『SENSE KILLS』のアートディレクション、舞台美術
- LUNA SEA　アルバム『EDEN』ジャケットデザイン
- LUNA SEA　Tour『LUNA SEA CONCERT TOUR 1993 SEARCH FOR MY EDEN』におけるグラフィックワーク
- PANTA　ライブアルバム『NAKED』ジャケットデザイン
- コンピレーションアルバム『DANCE 2 NOISE 004』ジャケットデザイン
- ペイント・イン・ウォーターカラー　2ndアルバム『ヴェロシティ』ジャケットデザイン
- JAWAIANシリーズのアートディレクション『MAACHO』『SUNWAY』ジャケットデザイン
- BUCK-TICK　シングル『ドレス』ジャケットデザイン
- BUCK-TICK　アルバム『darker than darkness -style93-』ジャケットデザイン
- BUCK-TICK　Tour『darker than darkness -style93-』におけるグラフィックワーク
- LUNA SEA　シングル『IN MY DREAM（WITH SHIVER)』ジャケットデザイン
- ラガ・ポップ・レゲエのシンガー「エマニエル・ウォルシュ」2ndシングル『LOVE'S ATTRACTION』ジャケットデザイン＋2ndアルバム『LOVE'S ATTRACTION』ジャケットデザイン＋プロモVTR『LOVE'S ATTRACTION』演出、監督
- 法政大学でのイベント『BLAST OFF ROCKS』MUSIC ART GALLERYにてMERCY KILLING（ルイズルイス加部／鈴木亨明バンド）60／40（下山淳のユニット)、舞士（藤沼伸一のユニット）と共演／舞台美術アートワークを手がける
- ラハティポスタービエンナーレ（フィンランド）に入選
- 60／40　2ndアルバム『PSYCHORIA』ジャケットデザイン
- ribbon永作博美　ソロアルバム『N』＋シングル『My Home Town』『Without You』ジャケットデザイン
- THE MAD CAPSULE MARKET'S　LIVE『BODY CUNNING』におけるグラフィックワーク
- 静岡県立美術館FUSION展に出品
- JAGDA展1993に出品／ポズナニ美術館（ポーランド）・武蔵野美術大学にコレクション
- BUCK-TICK　シングル『d i e』ジャケットデザイン
- 三上博史　ベストアルバム『A R C』＋本城裕二（三上博史）シングル『夢 with You』ジャケットデザイン
- 仲野茂BAND　アルバム『遠くで火事をみていた』ジャケットデザイン
- 頭脳警察　ベストアルバム『頭脳警察BEST1972–1991』ジャケットデザイン
- MAACHO　2ndアルバム『Heatin' Up』ジャケットデザイン
- 聖飢魔IIのギタリスト　ルーク篁アルバム『SOAKING WET LIVE』ジャケットデザイン
- THE STAR CLUBのボーカルHIKAGE　ソロアルバム『CANCER』ジャケットデザイン

- 「THE STREET BEATS」をモチーフにJAGDA平和ポスター展1991に出品／ひろしま美術館など各地を巡回『赤い空の下で』B倍版ポスター
- 静岡県立美術館FUSION展に出品／頭脳警察『歓喜の歌』オリジナルポスター他
- THE MAD CAPSULE MARKET'S　メジャー・デビューアルバム『P.O.P』ジャケットデザイン
- BRANDEN BURGISCHE KUNSTSAMMLUNGEN COTTBUS（ドイツ）にポスター10点コレクション、作品展示
- GRAPHIS POSTER 1991（フランス）入選
- THE STAR CLUB　ビデオ『傷だらけの天使達1991』アルバム『監獄からの伝言』パッケージデザイン＋ジャケットデザイン
- BUCK-TICK　ビデオ『BUCK-TICK』パッケージデザイン
- 吉川晃司　ビデオ『LunaticLUNACY』パッケージデザイン
- 吉川晃司　LIVE写真集『LunaticLUNACY』アートディレクション
- 12月29日　渋谷ONAIRにて、ロックバンド「Ruby」とのジョイントで展覧会を開催
  ライブスペースである会場で新作を発表（アクリル＆シルクスクリーン）
- BUCK-TICK　アルバム『殺シノ調べ This is NOT Greatest Hits』ジャケットデザイン
- BUCK-TICK　Tour『殺シノ調べ This is NOT Greatest Hits』におけるグラフィックデザイン
- コンピレーションアルバム『DANCE 2 NOISE 002』ジャケットデザイン
- LUNA SEA　メジャーデビューにおけるアートディレクション
- LUNA SEA　アルバム『IMAGE』ジャケットデザイン
- LUNA SEA　ビデオ『IMAGE or REAL』パッケージデザイン

1992

- ブルノ国際グラフィックビエンナーレに入選
- 小川範子　ひとり芝居『光』グラフィックデザイン
- 電気グルーヴ　ツアーパンフレットのアートディレクション
- ロンドン＋東京の28人のデザイナーとともに『グラフィックビート　ロンドン／トウキョウVol.1』（PIE BOOKS刊）に作品掲載、発売
- マルコシアス・バンプ　シングル『シセリアのまつげの下で』ジャケットデザイン
- マルコシアス・バンプ　3rdアルバム『Miraval』ジャケットデザイン
- NEW YORK ADC国際展に入選
- THE MAD CAPSULE MARKET'S　2ndミニ・アルバム『カプセル・スープ』ジャケットデザイン
- ギタリスト下山淳インディーズレーベル『PSY-CHO』のトータルデザイン
  下山淳アルバム『60／40』／GLASS　アルバム『GLASS』／Smiley & the Doctors　アルバム『CROSS WORD』／藤沼伸一　アルバム『女神』ジャケットデザイン
- ゲシュタルトゥング　ミューゼアム　チューリッヒ（スイス）『日本からのプラカード1978〜1993』
- 静岡県立美術館FUSION展に仲野茂（ミュージシャン）、高原秀和（映画監督）、宇梶剛士・大久保了（役者）らと出品
- BUCK-TICK　横浜アリーナ　ライブ『Climax Together』におけるグラフィックワーク
- WBA世界ストロー級チャンピオン 大橋秀行　ポスター・パンフレットデザイン
- JAGDA展1992に出品／ポズナニ美術館（ポーランド）・武蔵野美術大学にコレクション
- BUCK-TICK　ビデオ『Climax Together』パッケージデザイン
- THE MAD CAPSULE MARKET'S　アルバム『SPEAK!!!!』ジャケットデザイン

- 原宿「GALLERY HASEGAWA」にて個展を開催“The Man Who Designs Rock'n Roll 2”
- THE STREET BEATS　シングル『サンクチュアリ』ジャケットデザイン
- THE STREET BEATS　3rdアルバム『MANIFESTO』ジャケットデザイン
- 割礼　アルバム『ゆれつづける』ジャケットデザイン
- G.D.FLICKERS　5rdアルバム『トラベリンバンド』ジャケットデザイン
- G.D.FLICKERS　カヴァーアルバム『STANDARD?』ジャケットデザイン
- BUCK-TICK　アルバム『惡の華』 ビデオ『惡の華』ジャケットデザイン+パッケージデザイン
- BUCK-TICK　Tour『惡の華』におけるグラフィックワーク
- BUCK-TICK　アルバム『HURRY UP MODE（1990MIX）』ジャケットデザイン
- 6月1日　サカグチケンファクトリー設立
- THE MAD CAPSULE MARKET'S　アルバム『HUMANITY』ジャケットデザイン
- 『ジャネット・ジャクソン　ジャパンツアー』公式ロゴマーク、ツアーポスターデザイン
- アップルコンピュータ　『マッキントッシュ』広告キャンペーンのアートディレクション

1991

- 2月23日〜新宿サブナード地下街で40日間の個展を開催「カム・ブリード・フォー・アワ・ライツ」と題されたこの展覧会では新作を中心に発表
- BUCK-TICK　アルバム『狂った太陽』ジャケットデザイン
- BUCK-TICK　Tour『狂った太陽』におけるグラフィックワーク
- THE STREET BEATS　アルバム『STANDING STANDING』 ビデオ『STANDING STANDING』ジャケットデザイン+パッケージデザイン
- THE STREET BEATS　Tour『1991 STANDING STANDING CIRCUIT』におけるグラフィックワーク
- 頭脳警察　ビデオ『万物流転』 ライブアルバム『LIVE IN CAMP DRAKE』 アルバム『歓喜の歌』パッケージデザイン+ジャケットデザイン
- サンハウス柴山俊之のバンド「Ruby」アートディレクション+ジャケットデザイン
- 三上博史　3rdアルバム『ORAL』ジャケットデザイン
- G.D.FLICKERS　アルバム『Shake!』ジャケットデザイン
- 世界ポスタートリエンナーレトヤマ1991に入選
- 小川範子　ひとり芝居『花』グラフィックデザイン
- WBC世界ストロー級チャンピオン大橋秀行　ポスターデザイン
- 崔洋一監督作品　映画『襲撃　BURNING DOG』グラフィックデザイン
- 6月20日　クラブチッタ川崎で個展を開催　「dead start」と題されたこの個展には多数のロックミュージシャンが友情出演し、アートとロックを融合した新しいイベントとして注目される。故・江戸アケミに捧げる巨大なシルクスクリーンを会場で制作
- マルコシアス・バンプ　シングル『20世紀のミスキャスト』 2ndアルバム『DYNAMIC WAS RUBY』ジャケットデザイン
- 高岡西武duoのポスター、ロゴマーク・グラフィックデザイン
- THE MAD CAPSULE MARKET'S　デビューシングル『ギチ』『あやつり人形』『カラクリの底』ジャケットデザイン
- THE MAD CAPSULE MARKET'S　ビデオ『ギチ・あやつり人形・カラクリの底』パッケージデザイン+トータルアートディレクション

●BUCK-TICK　2ndアルバム『SEVENTH HEAVEN』ジャケットデザイン
●BUCK-TICK　Tour『SEVENTH HEAVEN TOUR』におけるグラフィックワーク
●DOOM　アルバム『Complicated Mind』ジャケットデザイン
●THE BLUE HEARTS　シングル『チェルノブイリ』ジャケット
●THE BLUE HEARTS　ツアーパンフレット『夏、』デザイン
●THE BLUE HEARTS　1989カレンダー／アートディレクション
●JAGDA JAPAN展に出品　『FUSION1＋2』
●フロム・エー　「THE ART JAPAN」ポスター
●SION　写真集『SION』アートディレクション
●BUCK-TICK　シングル『JUST ONE MORE KISS』ジャケットデザイン
●THE STREET BEATS　メジャーデビューアルバム『NAKED HEART』ジャケットデザイン
●ニューヨーク・アートディレクターズ・クラブ海外会員となる
●市川準監督作品映画　『会社物語 MEMORIES OF YOU』タイトル＋グラフィックデザイン
●台北市立美術館での「日本設計名家展」に出品

1989

●ラハティポスタービエンナーレ（フィンランド）に入選
●市川準監督作品　映画『ノーライフキング』グラフィックデザイン＋ビデオパッケージデザイン
●THE STREET BEATS　2ndアルバム『VOICE』ジャケットデザイン
●割礼　デビューアルバム『ネイルフラン』ジャケットデザイン
●THE STRUT　デビューアルバム『Devil In Red』ジャケットデザイン
●原宿「GALLERY HASEGAWA」にて個展を開催
"The Man Who Designs Rock'n Roll"と題されたこの個展ではロックミュージシャンをモチーフにした作品約50点を展示
"The Man Who Designs Rock'n Roll"ポスター作品集出版・発売
●BUCK-TICK　3rdアルバム『TABOO』ジャケットデザイン
●BUCK-TICK　Tour『TABOO TOUR』におけるグラフィックワーク
●BUCK-TICK　ビデオ　『Sabbat＋Ⅰ』『Sabbat＋Ⅱ』パッケージデザイン＋ポスター6点セット制作
●アナーキー　ベストアルバム『亜無亜危異 Vol.1』『ANARCHY Vol.2』ジャケットデザイン
●G.D.FLICKERS　アルバム『REBELLIOUS HEROES』ジャケットデザイン
●ロックグループ「THE STREET BEATS」をモチーフにピースポスターを制作　JAGDA平和ポスター展1989に出品／ひろしま美術館など各地を巡回
●12月29日 BUCK-TICK　『バクチク現象』東京ドーム ライブにおけるグラフィックワーク

1990

●ミュージシャンやアーティストの死をモチーフにシルクスクリーンを制作『5色の死』
●静岡県立美術館FUSION展に出品
●雑誌「ぴあMUSIC COMPLEX」にエッセイを連載（1990–1991）
●ロックグループ「THE STREET BEATS」をふたたびモチーフにピースポスターを制作
JAGDA平和ポスター展1990に出品／ひろしま美術館など各地を巡回
●ブルノ国際グラフィックデザイン・ビエンナーレに入選

1964

●香川県に生まれる

1982

●香川県立高松工芸高等学校デザイン科を卒業

1984

●公益社団法人日本グラフィックデザイナー協会（JAGDA）のメンバーとなる

1986

●「年鑑日本グラフィックデザイン'86」に出品作品が掲載
RECRUIT企業ポスター『金魚』＋『ブラッシュアップ』＋『流れる木』＋プライベートポスター『ANARCHY』／JAGDA展で全国各地巡回

1987

●ロックグループ「アナーキー」のヴォーカル仲野茂をモチーフにピースポスターを制作
JAGDA平和ポスター国際展1987に出品／ひろしま美術館など各地を巡回
●NEW YORK ADC国際展に入選　イトキン企業ポスター『キートン』
●市川準監督作品　映画『BU・SU』グラフィックデザイン
●ビデオ『BU・SU』　パッケージデザイン
●静岡県立美術館FUSION展に出品　『The Rock Band』『川崎製鉄』
●THE ROCK BAND　アルバム『四月の海賊たち』ジャケットデザイン
●PANTA（頭脳警察）／柴山俊之（サンハウス）／仲野茂（アナーキー）主催のイベント「THE COVER」（渋谷公会堂／新宿LOFT）におけるグラフィックワーク
●ライブアルバム　『THE COVER SPECIAL』ジャケットデザイン

1988

●ビクターのロックレーベル「SOS」のコンセプトメイクに参加
DOOM　アルバム『Killing Field...』他のジャケットデザイン
●BUCK-TICKのアートディレクション 特殊ジャケットのミニアルバム『ROMANESQUE』ジャケットデザイン+ビデオ『MORE SEXUAL!!!!!』パッケージデザイン
●NEW YORK ADC国際展に入選　企業ポスター『Kawasaki Steel』＋『Lotus』＋『JAPAN ENS（AT&T）』
●THE BLUE HEARTS　シングル『ブルーハーツのテーマ』ジャケットデザイン
●THE BLUE HEARTSをモチーフにピースポスターを制作JAGDA平和ポスター展1988に出品／ひろしま美術館など各地を巡回
●世界ポスタートリエンナーレトヤマ1988に入選　プライベートポスター『ミッキー&キャメル』

【巻末付録】

サカグチケン・プロフィールとサカグチケンファクトリーの主な仕事

制作協力

●まえがき

藤沼伸一／ギタリスト

1980年アナーキーのギタリストとしてデビュー以来、その独自のギタースタイルが様々なアーティストから評価されている。Player誌上では日本の5大ブルースギターリストと紹介されるなどジャンルに縛られること無くパンク、ロック、ブルース等、様々なギタースタイルが好評を得ている。

（ホームページ　http://bell-sounds.com/shinichi/）

●間奏〜あとがき

佐倉康彦／株式会社ナカハタ代表取締役
コピーライター、プランナー、クリエイティブディレクター

1963年生まれ。リクルート、マドラコミュニケーションズ、サン・アド、博報堂C&D、博報堂を経て、仲畑貴志氏とともにナカハタ設立に参加。現在に至る。代表作に、サントリー ザ・カクテルバー「愛だろ、愛っ。」、イザック「大好きというのは、差別かもしれない。」、リクルート卒おめ「卒業って、出会いだ。」、日清食品「おいしいの、その先へ。」、PERSOL「はたらいて、笑おう。」、niko and...「ひとり、ふたり、ひかり。」、山田洋次監督作品・男はつらいよ 〜おかえり寅さん〜「ただいま。この一言のために、旅に出る。」など。

●プランニング

野村ゆかり／サカグチケンファクトリー株式会社

Special Thanks

サカグチケン、
サカグチケンファクトリーに
関わるすべての皆さまに、
感謝いたします。

ロックをデザインする男《おとこ》　サカグチケン　dead《デッド》 start《スタート》

二〇二三年四月一七日　第一刷発行

著者　サカグチケン

発行者　太田克史《おおたかつし》

編集担当　岩間梓《いわまあずさ》

発行所　株式会社星海社
〒一一二-〇〇一三
東京都文京区音羽一-一七-一四　音羽YKビル四階
電話　〇三-六九〇二-一七三〇
FAX　〇三-六九〇二-一七三一
https://www.seikaisha.co.jp

発売元　株式会社講談社
〒一一二-八〇〇一
東京都文京区音羽二-一二-二一
(販売)〇三-五三九五-五八一七
(業務)〇三-五三九五-三六一五

印刷所　凸版印刷株式会社

製本所　株式会社国宝社

アートディレクター　吉岡秀典《よしおかひでのり》(セプテンバーカウボーイ)

デザイナー　山田知子《やまだともこ》＋門倉直美《かどくらなおみ》(チコルズ)

フォントディレクター　紺野慎一《こんのしんいち》

校閲　鷗来堂《おうらいどう》

ISBN978-4-06-531617-7
Printed in Japan

256
SEIKAISHA SHINSHO

JASRAC 出 2302396-301

次世代による次世代のための

武器としての教養
星海社新書

星海社新書は、困難な時代にあっても前向きに自分の人生を切り開いていこうとする次世代の人間に向けて、ここに創刊いたします。本の力を思いきり信じて、みなさんと一緒に新しい時代の新しい価値観を創っていきたい。若い力で、世界を変えていきたいのです。

本には、その力があります。読者であるあなたが、そこから何かを読み取り、それを自らの血肉にすることができれば、一冊の本の存在によって、あなたの人生は一瞬にして変わってしまうでしょう。思考が変われば行動が変わり、行動が変われば生き方が変わります。著者をはじめ、本作りに関わる多くの人の想いがそのまま形となった、文化的遺伝子としての本には、大げさではなく、それだけの力が宿っていると思うのです。

沈下していく地盤の上で、他のみんなと一緒に身動きが取れないまま、大きな穴へと落ちていくのか？　それとも、重力に逆らって立ち上がり、前を向いて最前線で戦っていくことを選ぶのか？

星海社新書の目的は、戦うことを選んだ次世代の仲間たちに「武器としての教養」をくばることです。知的好奇心を満たすだけでなく、自らの力で未来を切り開いていくための〝武器〟としても使える知のかたちを、シリーズとしてまとめていきたいと思います。

2011年9月

星海社新書初代編集長　柿内芳文

SEIKAISHA SHINSHO